膝に負担を
かけない！
バテない！

山岳アスリートに教わる

山の歩き方

HOW TO WALK COMFORTABLY IN THE MOUNTAINS

小川壮太 著

山と溪谷社

はじめに

みなさんが「山に登ってみよう」と思ったきっかけは何ですか？

入り口は人それぞれでしょうが、みなさんが感じた山の魅力は、きっと素晴らしいものだと思います。私自身は、田舎生まれの山育ちなので、大した「登山ヒストリー」はないのですが、山仲間に登山のきっかけについて聞いてみると、とても興味深い話をしてくれることが多いです。きっと読者のみなさんも素敵なエピソードをお持ちだと思います。

私は、プロ山岳アスリートとしてトレイルランニングの大会などに出場することを通じて、根性や精神力だけで山を歩くことの難しさを実感してきました。登山は、技術や体力を向上させ、目標に合わせて準備をしていくことが重要だと思っています。山の中で「こんなはずじゃなかった」と思わないように、しっかりした対策を練っておくことで、より楽しく安全な登山ができるはずです。

膝痛などを抱えている方は、心身にかかる負担をできるだけ軽くするためにも、自分に合った「山の歩き方」を見つけましょう。

この本が、みなさんの「探究心」の一助となることを願っています。

小川壮太

HOW TO
WALK COMFORTABLY
IN THE MOUNTAINS

目次

LESSON 3
正しい装備の選び方＆使い方

LESSON 4
登山が楽になる動作改善トレ＆ストレッチ

HOW TO
WALK COMFORTABLY
IN THE MOUNTAINS

PROLOGUE

あなたのお悩みは？

お悩み 1

下山時に膝が痛くて…

膝のどの部分が痛いのかチェックしましょう！

膝痛を改善するために大切なことは、膝のどの部位が痛いのかをきちんと見極めることです。あなたの膝痛は、外側、内側、膝の前面、裏側など、どの部位に痛みが集中していますか？

痛みの原因は、部位によって違ってきます。筋力の低下、靭帯の炎症、関節半月の損傷など、膝痛の原因はさまざまですが、それがわかったら対処方法も決まってきます。

まずは、痛みを感じる部位を探すセルフチェックから始めてみましょう！

【右膝を前から見た図】

膝の外側が痛い

猫背やガニ股で歩くと、膝が外に開きやすくなる。すると、腸脛靭帯が引っ張られて痛みを感じる。登りより下りで痛いのが特徴

P.10

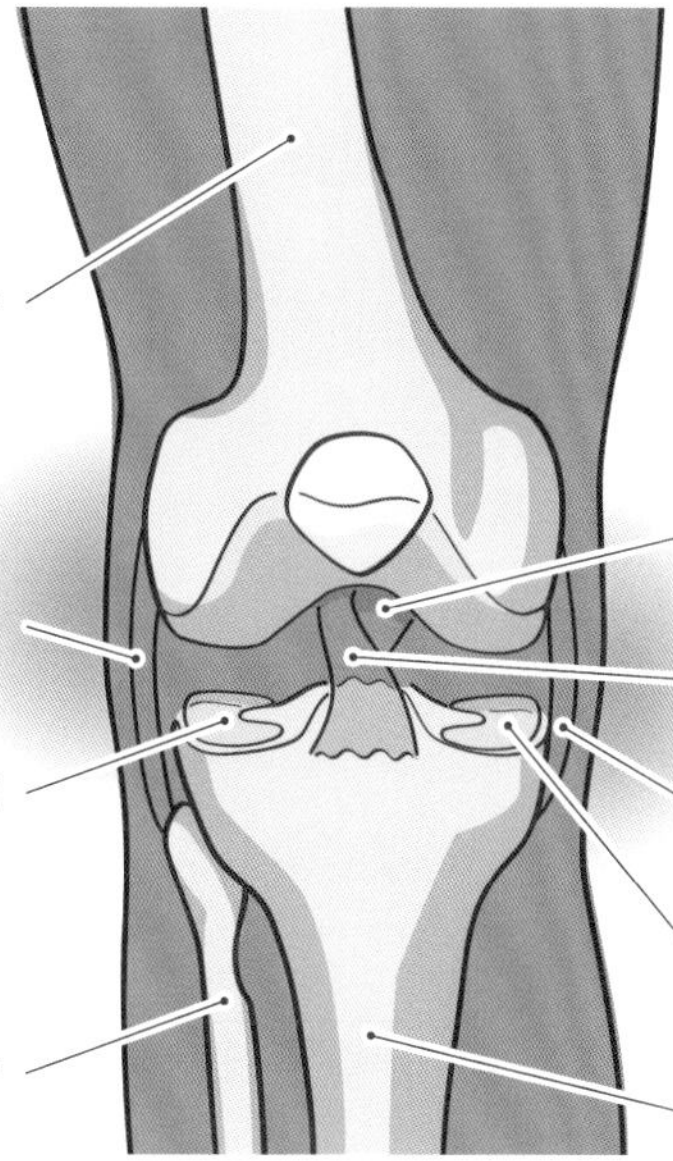

膝の内側が痛い

転んだり、膝をひねったなどのきっかけもなく徐々に痛くなってくる場合は、反り腰など姿勢の悪いのが原因であることが多い

P.11

膝の前面が痛い

腫れて圧迫感のある痛みだと膝内の前十字靭帯炎症の恐れも。大腿とすねの骨がグラつき、刺す痛みだと前十字靭帯損傷もあり得る

P.12

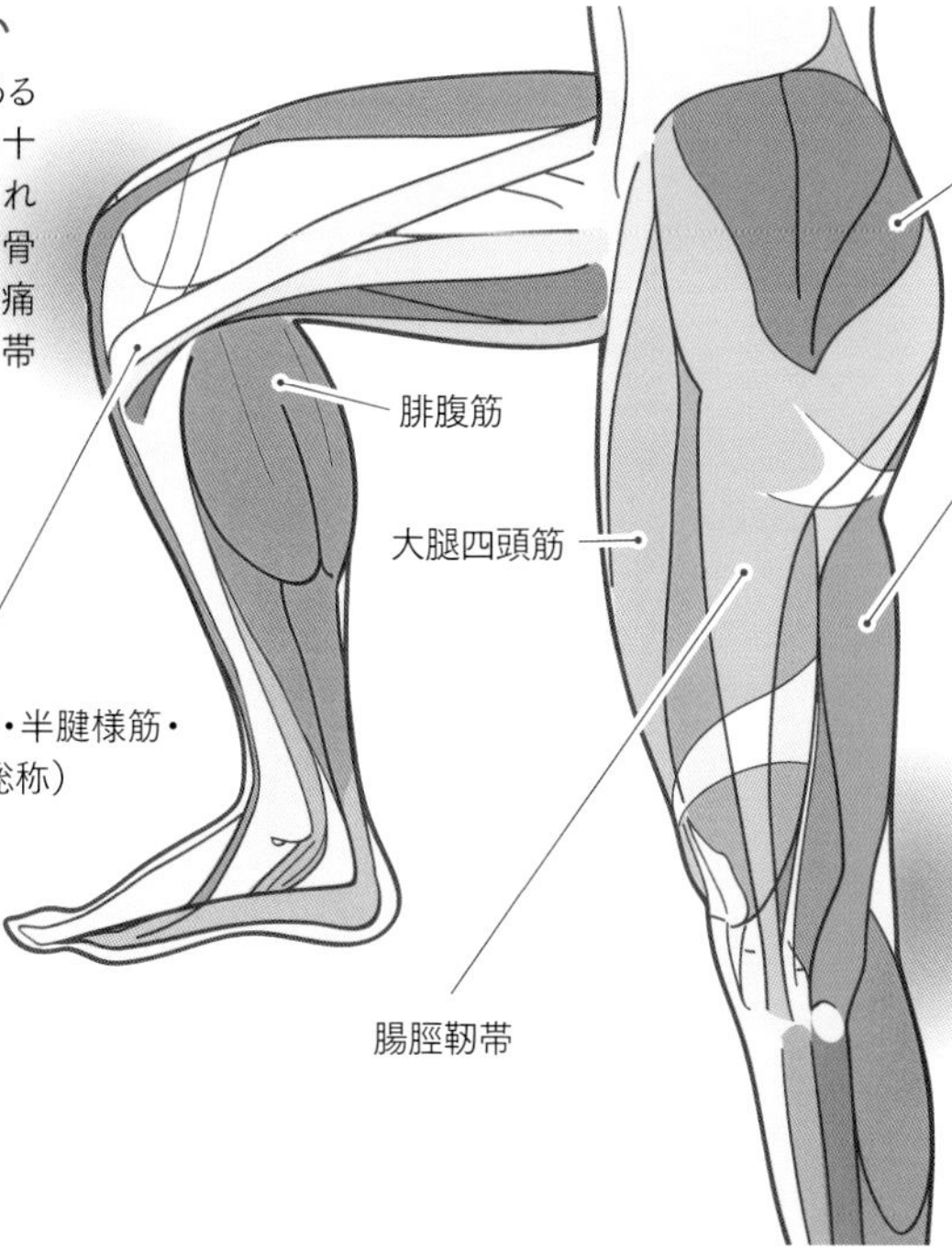

P.13

膝の裏が痛い

ふくらはぎに疲労がたまると、膝裏に痛みが出る。膝内の後十字靭帯の周囲に炎症があると、膝裏からお皿を突くような痛みを感じる

膝の外側が痛い原因は…

姿勢の悪さで膝が外に開いていませんか？

男性に多く見られるのが、このガニ股&猫背。重い荷物を背負ったり足元を注視し続けたりすると、このような悪い姿勢になりがちです。股関節や足関節の可動域が狭くなっている場合になりやく、また足首のテーピングやミドルカットのシューズを履いただけでもこの姿勢になりやすいので要注意。

筋肉が張りやすい大腿外側を定期的にストレッチして、症状によっては予防のための伸縮タイプのテーピングで補強して様子をみましょう。

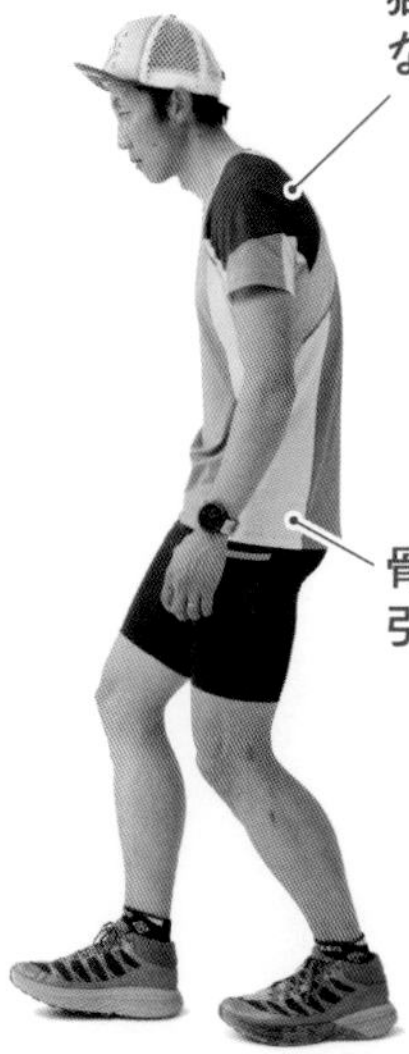

バックパックを背負うと背中が曲がる人は要注意！　猫背になると骨盤が後ろに引っ張られるように傾き、膝が外側へ開いてしまう

体軸に対して骨盤が後傾すると、膝は外側へ開いてしまう。すると関節に必要以上の負担がかかり、刺すような痛みを感じることも

←P.23 — LESSON1 歩行技術　←P.103 — LESSON4 動作改善トレ&ストレッチ

膝の内側が痛い原因は…

反り腰になっていませんか？

膝の内側に痛みを感じる人は、骨盤が前傾し過ぎて反り腰&内股になっていないか姿見などでチェックしましょう。女性は骨盤が広いため内股になりやすい傾向があります。内股になると膝関節のグラつきを制動する内側側副靱帯にストレスがかかったり、鵞足と呼ばれる筋群が過度に伸ばされたりして膝内に痛みを感じやすくなります。

根本的な原因は骨盤を正しい位置に安定させられない体幹筋の弱さなので、体幹トレーニングをしましょう。

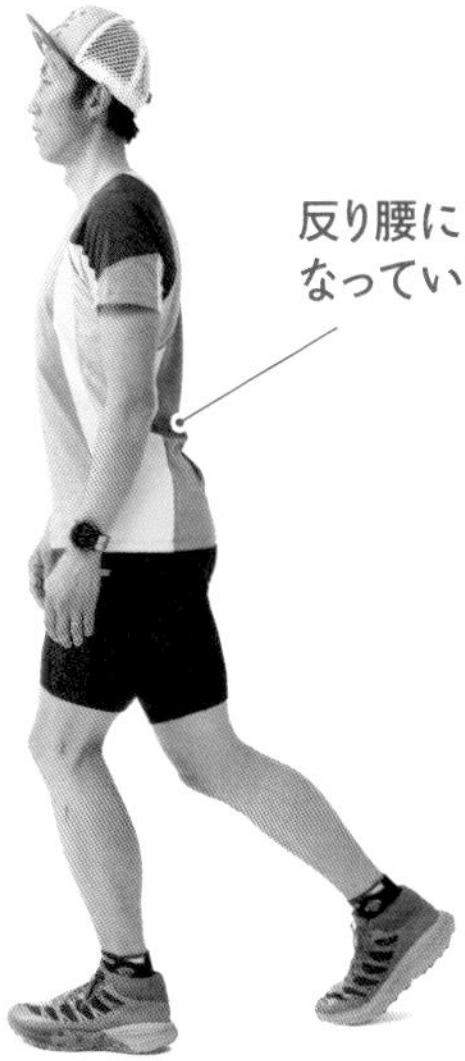

反り腰になってしまうと、膝の内側にトラブルが出たり、腰やふくらはぎ（足底筋など）にも障害が出たりすることがあるので注意したい

骨盤の前傾角度が強過ぎると、膝が内側に絞られてしまう。すると、膝の位置が内側に入り込んで、膝の内側に負荷をかけてしまう

←P.23 — LESSON1 歩行技術　←P.103 — LESSON4 動作改善トレ&ストレッチ

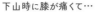

膝の前面が痛い原因は…

膝頭が出過ぎたままで歩いていませんか？

膝を曲げたままで、膝頭が体軸よりも前に出過ぎた歩行動作では、脚の曲げ伸ばしが十分にできません。

大腿前面の筋群（大腿四頭筋など）を使い過ぎて柔軟性が低下していきます。そうすると膝蓋骨（膝のお皿）が膝関節に圧力をかけてしまうので、関節内の炎症へとつながります。歩幅は広げ過ぎず、膝関節ではなく股関節を中心とした歩行を行うことで、大腿前面の負担を軽減させせましょう。

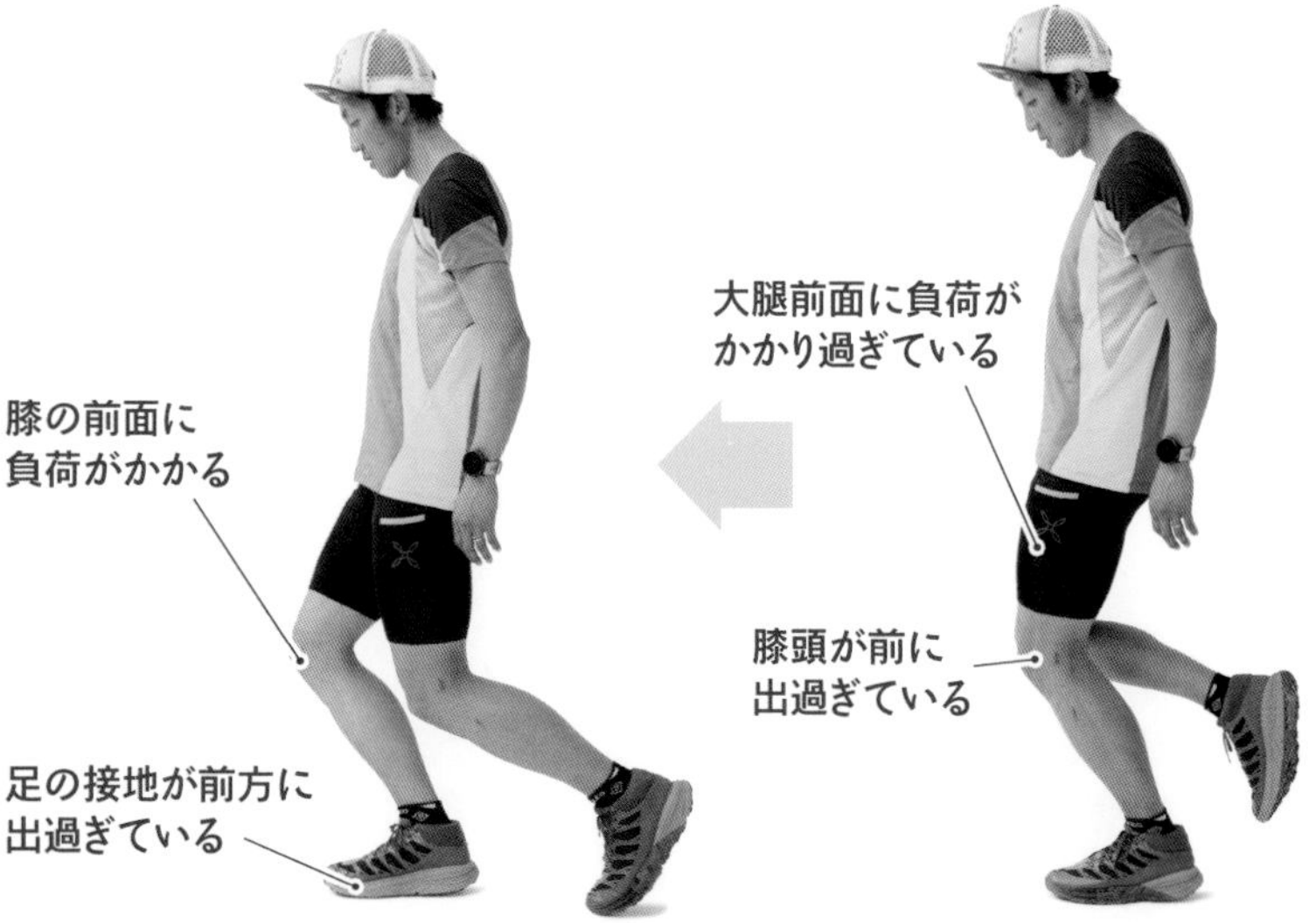

大腿前面が常に緊張している状態が続くと、大腿四頭筋の柔軟性が失われてしまう。その結果、関節症や筋腱炎の引き金にもなる

足を重心位置よりも前に接地すると、腰の位置が下がってしまう。すると、膝の前面に大きな負荷がかかったまま歩行することになる

←P.23 — LESSON1 歩行技術　←P.103 — LESSON4 動作改善トレ&ストレッチ

膝の裏が痛い原因は…

膝を伸ばしたままで歩いていませんか?

膝関節を伸ばし過ぎるとハムストリングスやふくらはぎの腓腹筋に疲労が蓄積し、膝裏が痛むことも。下山時などに大腿前面を使い過ぎた疲労をハムストリングスが担い続けたり、ふくらはぎの使い過ぎもその原因になります。

このように、膝裏はハムストリングスや腓腹筋などさまざまな筋群の付け根が集中しています。そこで、膝裏だけでなく大腿後面やお尻の筋肉、ふくらはぎなど膝の上下の筋肉をほぐすと膝裏の痛みが緩和できます。

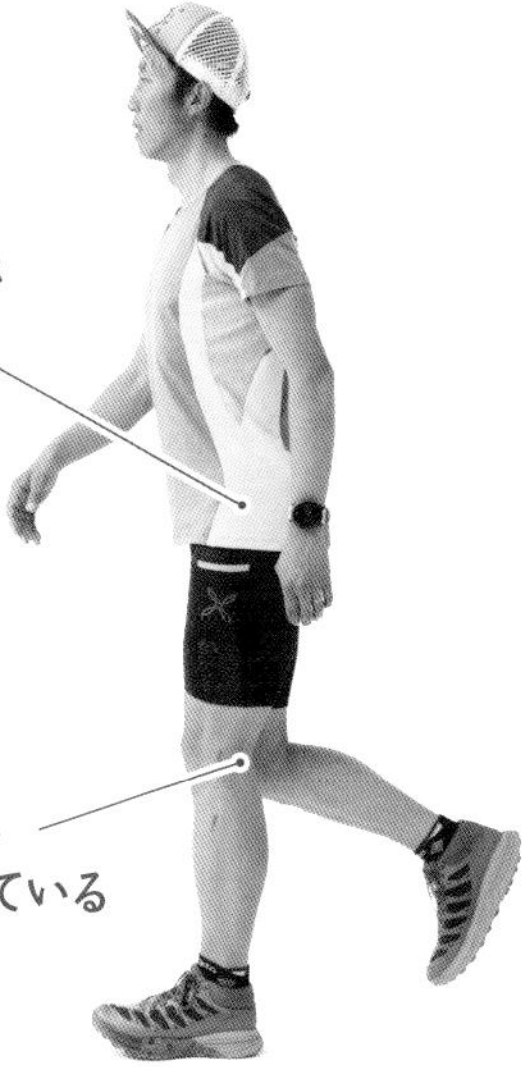

競歩の選手のように、膝を真っすぐ伸ばして前進すると、腿裏の筋群やふくらはぎに大きな負荷がかかり、痛みを伴うことがある

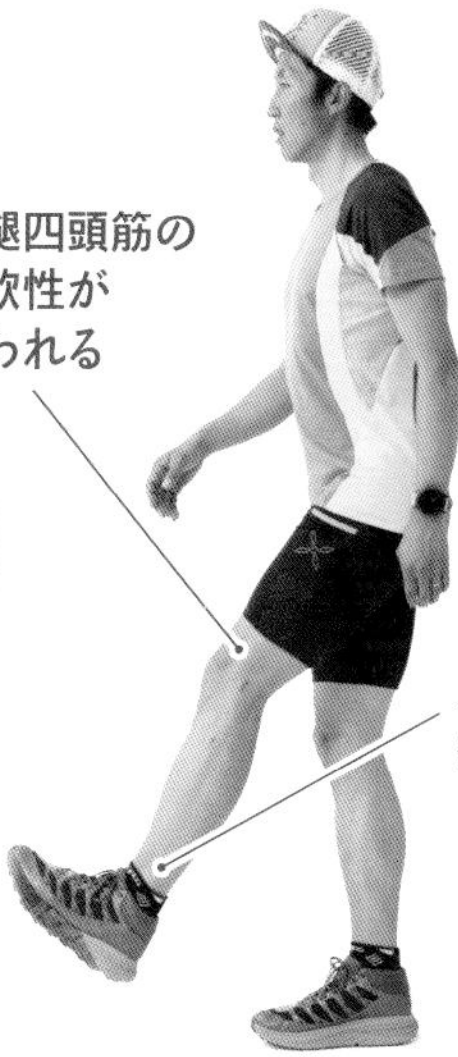

足を前方に投げ出して接地すると、膝裏の筋腱に大きな負荷がかかる。すると、瞬間的に伸ばされたハムストリングスや腓腹筋が痛む

←P.23 — LESSON1 歩行技術 ←P.103 — LESSON4 動作改善トレ&ストレッチ

お悩み 2

山に行くと肩こりや腰痛が…

歩き方と装備の使い方もチェックしましょう！

バックパックやトレッキングポールなどの装備をうまく使えないと、体に負担をかけてしまいます。

例えばバックパックをフィッティングする時、前かがみに背負い込む姿勢で合わせてしまうと、終始「猫背」になります。それが、肩こりや背中の張り、腰痛の原因となってしまうのです。

頭・肩・腰・くるぶしを線でつないだ体軸を崩さないようにフィッティングすると、筋群をバランスよく活用できるようになり、疲労が緩和されます。

肩がこる

猫背やポールを持ち上げ過ぎる“バンザイ動作”は、背中や首などの筋肉を圧迫し、肩こりの原因となる

背中が痛い

猫背や反り腰で運動をすると、背中の筋肉が張ってしまう。広背筋の張りは肩や腰の痛みにも影響する

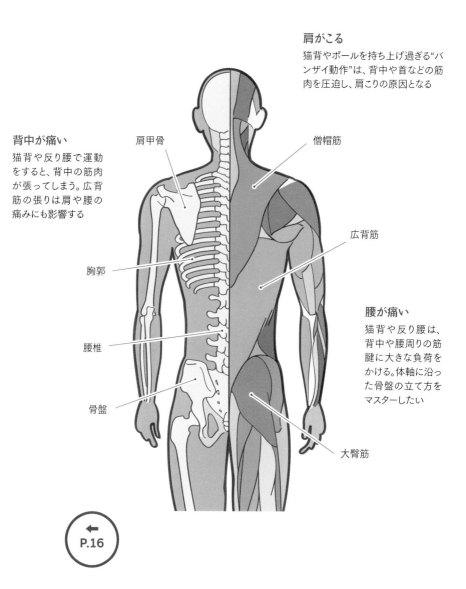

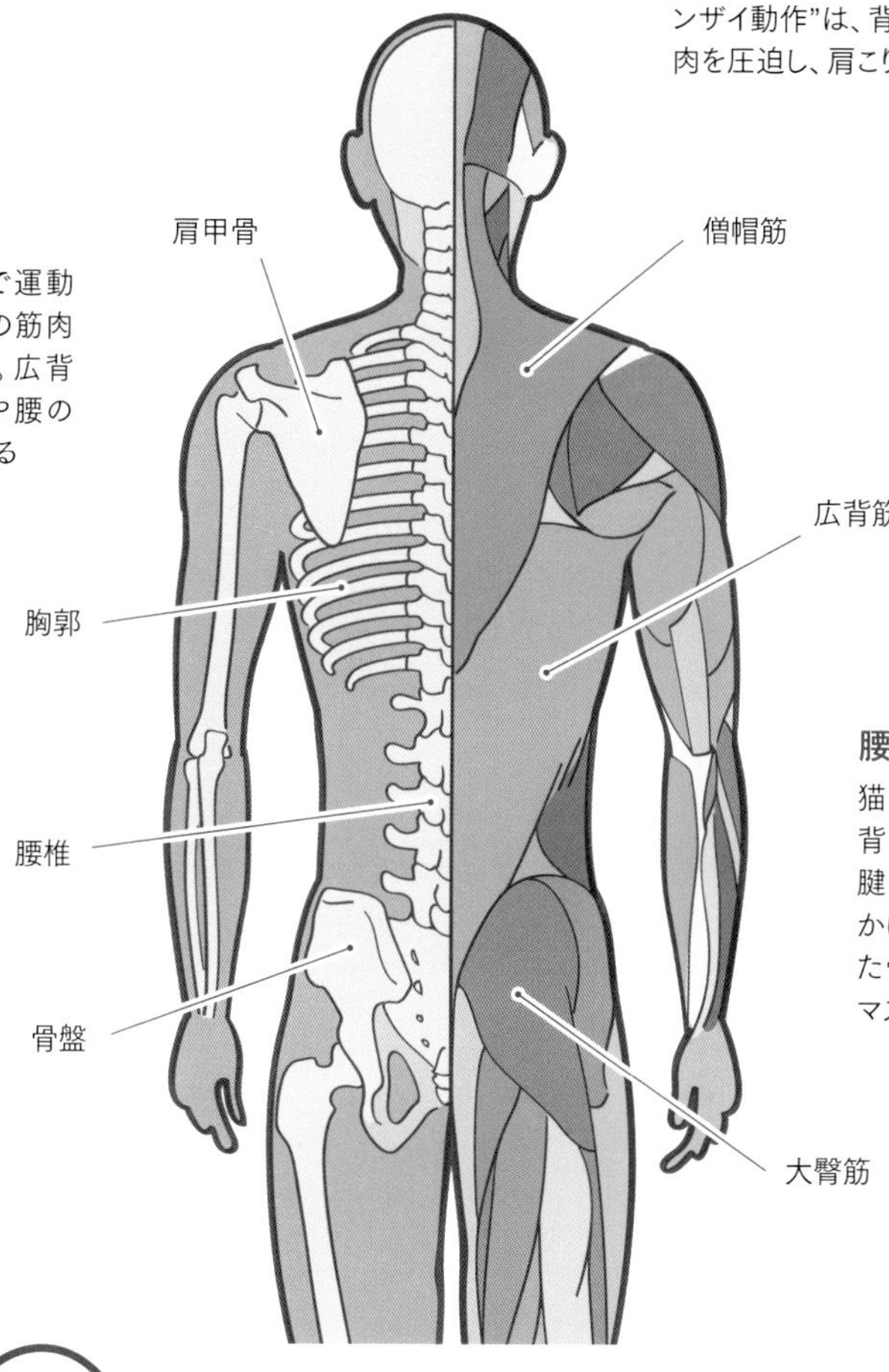

腰が痛い

猫背や反り腰は、背中や腰周りの筋腱に大きな負荷をかける。体軸に沿った骨盤の立て方をマスターしたい

P.16

肩、背中、腰が痛い原因は…

使い慣れていないギアに翻弄されているかも!

登山は、山行スタイルに合わせた携行品が必要なため、バックパックはそれなりの重量になります。近年、登山ギアの進化は目覚ましく、バックパックも軽く、安定して背負い続けられるように、いろいろな調節機能もついています。しかし、背負い方を間違えるとせっかくの機能を生かすことができません。背負う時の正しい姿勢や荷室の作り方をチェックしましょう。

バックパックがフィットしていない

高過ぎる位置でフィッティングしている

高い位置でフィッティングすると重量感は軽減できるが、各ベルトを適正な位置で調整できない。また、バックパックの揺れが大きくなり、それを制御するのに体力を消耗する

猫背でフィッティングしている

猫背の状態でバックパックをフィッティングすると、猫背の姿勢が固定されてしまう。正しい姿勢で歩こうとしても、体軸を整えたり骨盤を立てることが難しくなるので注意

トレッキングポールも、慣れないとグリップを必要以上に強く握ったり、高い位置へ持ち上げたりしがちです。また、ポールに頼り過ぎて腕の力で体を持ち上げると、腕や肩の筋肉はたちまち悲鳴をあげてしまいますので、正しいポール操作を習得しましょう。

ワンポイントアドバイス

体の負担を減らすバックパックの詰め方

予備の着替えや防寒着など使用頻度が低くて軽い物をⒹへ。予備の水やガスバーナー、保温ボトルなど重い物は、背中側のⒸに配置する。その他、重いものから順に背中側に入れ、軽めのものはⒷに。出し入れの頻度が高い物は、取り出し口の近くであるⒶにパッキングしよう。

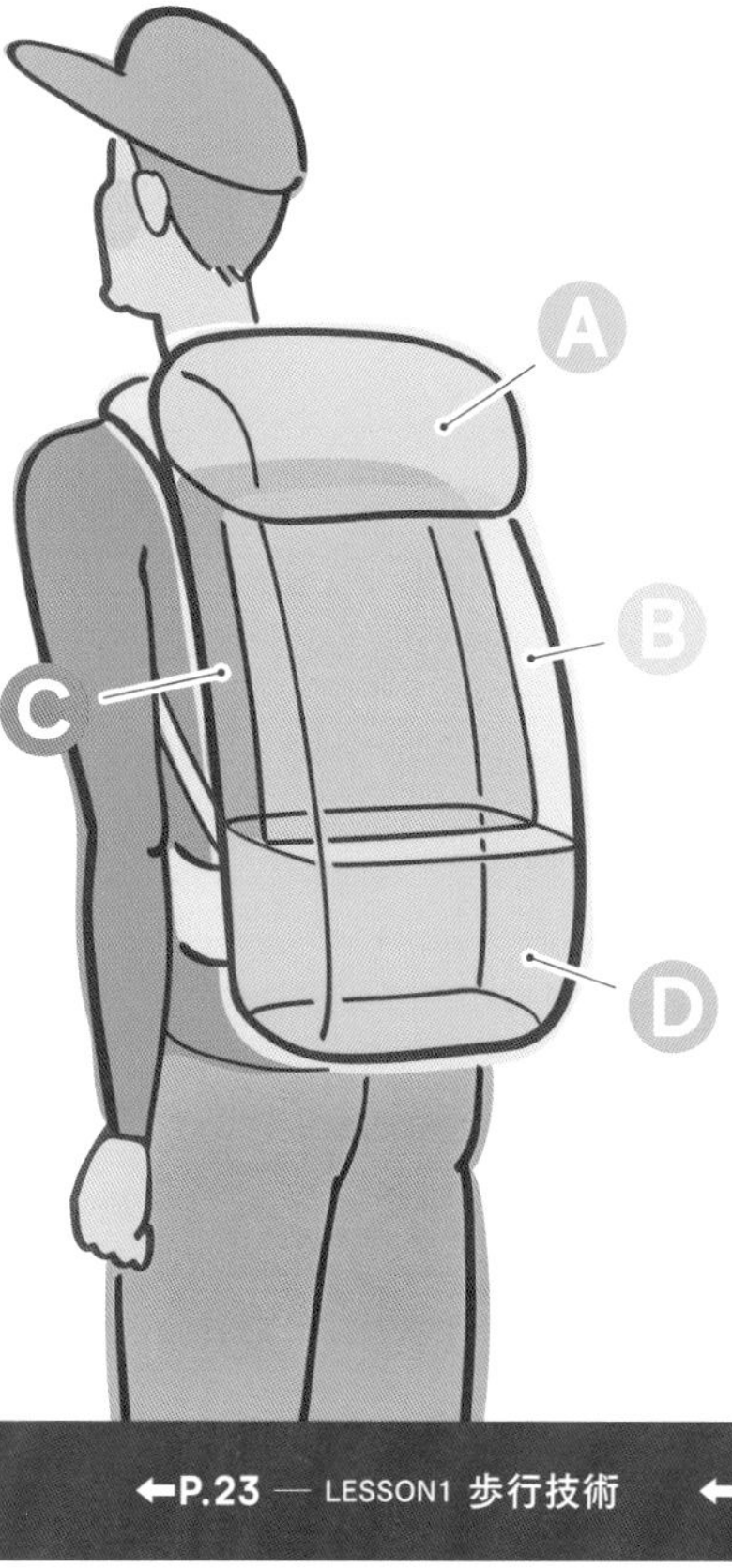

ポールをうまく使えていない

ポール全体を持ち上げて操作するとグリップの位置が高くなり、チップも体の前方に突くことになる。すると、上半身に力が入り過ぎて腕や肩周りの筋肉がパンパンになってしまう

←P.23 — LESSON1 歩行技術　←P.85 — LESSON3 装備の選び方&使い方

お悩み
3

最近、山に行くとバテてしまうことが多いです

歩き方とペース配分を見直しましょう！

マラソンでスタートから全力疾走すると、そのうち失速し完走すら危うくなることは想像に難くないでしょう。

登山も同様で、効率のよい歩き方を体得し、ペース配分を考えながら歩き続けることが大事です。まずは疲労や痛みの出にくい、長時間行動に耐えられる歩行動作を身につけましょう。

そして、この歩き方なら数時間歩いても大丈夫というように、余裕をもって行動し続けられるペース感覚を養うことが大切です。

突然、力が出なくなる

エネルギー切れや脱水症状が起こると、急にペースダウンしたり虚脱感に襲われたりする。こまめな休憩と栄養・水分補給を定期的に行うことが重要になってくる

足が、ガクガク震えてくる

想定していた運動量を超えると、足が痙攣したり力が入らなくなる。荷物を下ろし、体を冷やさないようにしてから休憩し、セルフマッサージで回復をはかろう

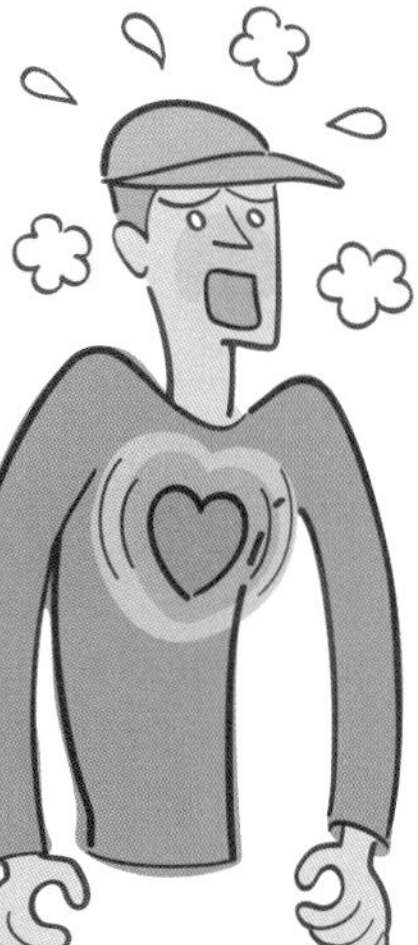

動悸が激しくなり、息が切れる

登山は、非日常的な環境下におけるハードな運動であり、登れば登るほど標高が上がるので空気中の酸素量も減ってくる。常に余裕をもって行動することが必要

← P.20

登山でバテる原因は・・・

トラブルは何かが不足して起こる！

山に慣れていて、毎日トレーニングを積み重ねている人でも、無理をして自分の実力以上のことを試みると、痛い目に遭うことがあります。

山では「このペースは速過ぎないか」「補給は足りているか」「ウェアリングは気象条件に合っているか」など、常に客観的な自己分析をしながら「今何をすべきか、次に何をすべきか」をしっかり把握する力が求められるのです。

山でバテても休めばいいので、大きな問題ではないように感じます。しか

体力不足

あの山に登りたいという気持ちだけでは登頂することはできない。荷物を持ち、アップダウンを一定時間行動できる体力をつけ、体力に合った山の中から行き先を決めよう

ペース配分の失敗

普段のウォーキングと違うのが、重い荷物（負荷）を背負い、標高の高い（低酸素）登山道（不整地）を歩き続ける（長時間行動）点。経験を積み重ね、無理のないペースを見つけよう

し、街なかのウォーキングなら途中で帰るのも簡単ですが、山ではそうはいきません。天候によってはたちまち体が冷えて危険な状態に陥ることもあります。現状を把握し、「何が不足していて、何を補うことでトラブルを回避できるのか」を知ることが重要なのです。

ワンポイントアドバイス

バテ防止には、ウェアリングも大切！

汗で体を冷やすと体温を維持するためにカロリーが消費される。筋腱・関節が冷えると、パフォーマンスが低下するだけでなく痛みが出ることも。バテ防止には汗をかかないペース配分、汗冷えを防ぎ痛みの出やすいところを冷やさないウェアリング、休憩時に一枚羽織るなどの対策が必要だ。

水分不足

水分は、塩分などの電解質と併せて定期的に摂り続けることが大事。喉が渇いた時にはすでに脱水症状の入り口にいることも。がぶ飲みせずに一口分をこまめに飲もう

エネルギー不足

山行中、カロリーはどんどん消費されるので、補充しないと枯渇してしまう。山では消化吸収力が低下するため、1時間に1回など、少量を定期的に補給していきたい

←P.23 — LESSON1 歩行技術　←P.69 — LESSON2 ペース配分&栄養補給

column 1

プロ山岳アスリートの

膝痛対策

私は、100kmを超える国内外の山岳耐久レースを転戦しています。主戦場である100マイル（160km）レースだけでも年間6レースほど出場しますが、毎回しっかり走りきるためにトレーニングやアフターケアはもちろん、レース前のコンディショニングは欠かせません。

テーピングは、ケガの予防や疲労の軽減を目的としてスタート前から貼っています。特に膝や足首のケガは致命的なので、

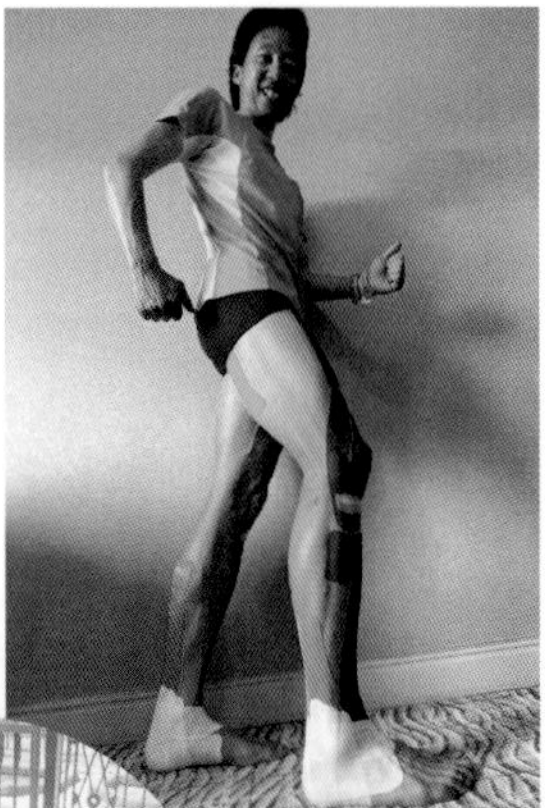

気になる筋腱・関節にあらかじめ貼っておく

レース前にはテーピングで元気を注入してもらう

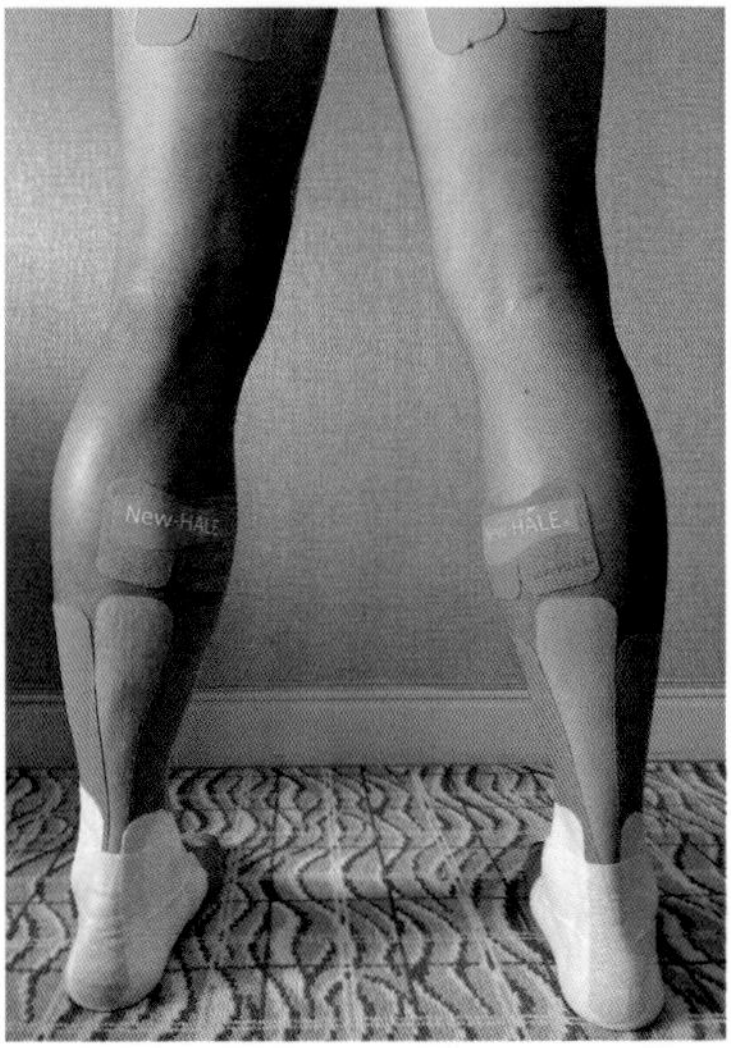

テープが直進性を向上させ、パワーロスを防ぐ

その日の体調に合わせて自分で貼ったりサポートスタッフに貼ってもらったりしています。ケガをしている時でも出場するしかないつらい状況もありますが、テーピングやサポーターなどを状態に合わせて使用することで、痛みを緩和したり症状を悪化させないようにして乗りきります。

なかでも膝のケアには気を使い、時に40時間に迫る行動時間のレースでもトラブルの出ないように心がけています。

HOW TO
WALK COMFORTABLY
IN THE MOUNTAINS

LESSON
1

膝や腰に
負担をかけない
歩行技術

山の歩き方3つの極意

HOW TO WALK COMFORTABLY IN THE MOUNTAINS

登山は、足元が不安定なフィールドを歩くアクティビティ。筋力を使わず、どれだけバランスを保持できるかがポイントだ。3つの極意をマスターし、基本の体の使い方を身につけよう！

1 極意

正しい姿勢を保つ

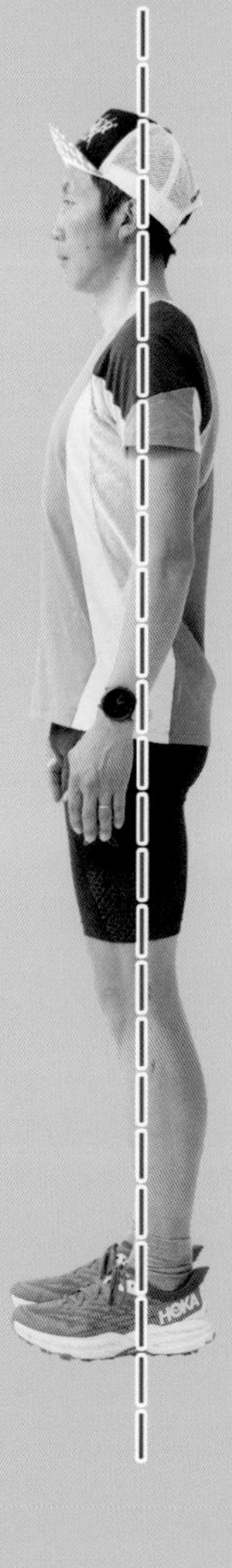

頭・肩・腰・くるぶしを一直線上に並べた体軸が、長く真っすぐになるように立ちます。その場で足踏みをして、股関節と膝関節を曲げても、体軸がブレないように意識しましょう。

← P.26

2 極意

骨盤の上下・前後の動きを使う

直立姿勢から上体と両肩のラインが傾かないようにして、左右の骨盤を交互に上げ下げしてみましょう。骨盤を動かすことに慣れてきたら股関節、膝関節の曲げ伸ばしも加えてみます。

← P.30

3 極意

2軸歩行を意識して脚の向きを合わせる

左右のバランスをとるために2本のレールの上を進むイメージで歩きます。レールの進む先（進行方向）に膝、爪先の向きを合わせると、ねじれのない歩行動作ができるようになります。

← P.32

極意 1

正しい姿勢を保つ

動画で確認!

頭からくるぶしが一直線上に並ぶ体軸を意識しよう

まずは、基本となる姿勢をチェックしましょう。頭、肩、腰、くるぶしが一直線上に並んだ体軸を、長く真っすぐになるようにイメージして立ちます。体の力を抜いて力まないのがポイントです。

それができたら、続いてその場で足踏みをしてみます。左右の肩からくるぶしへと延びる2本の軸をイメージしましょう。足踏みをした時、宙に浮いているほうの脚の股関節・膝関節は曲げますが、接地しているほうの支持脚は軸を崩さないように意識します。

股関節の曲げ伸ばしを続けると、上体が前に押し出され、支持脚が後方に動いて体が前へ移動します。移動しつつ股関節や膝関節の屈曲・伸展動作をキープするのは慣れが必要です。古傷があり、股関節や膝関節の可動域に制限がある人でも、体軸に近づけたフォームをめざすことで筋肉の消耗を軽減できます。

まずは姿勢をチェック！

NG

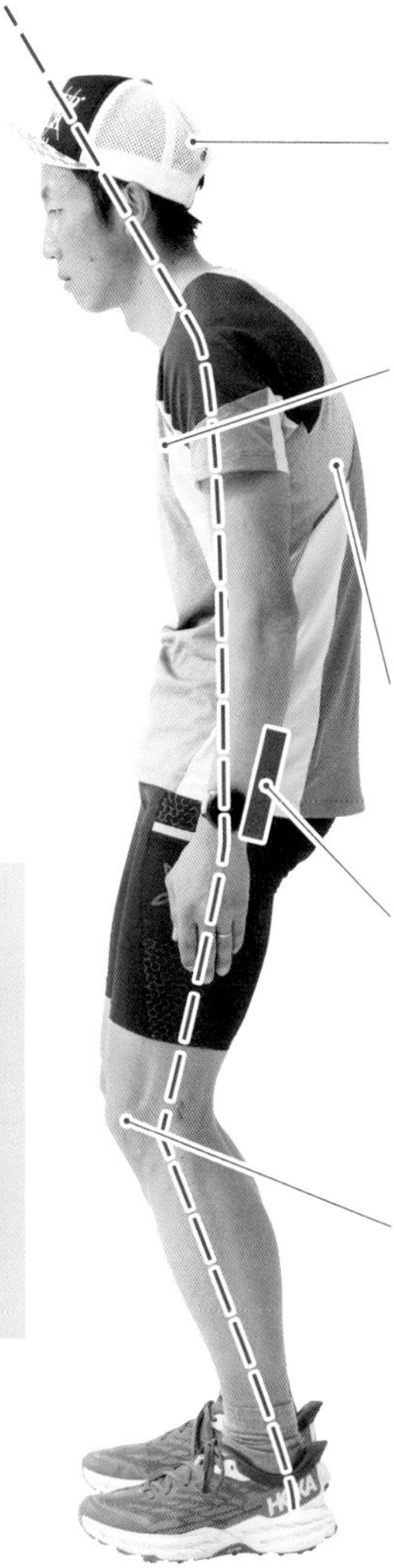

軸が曲がっている
体軸から外れた頭や腰、膝のバランスをとるために筋力を使ってしまう

頭が下がっている
頭が落ち込んでしまうと、首や肩への負担が増え、視野も狭くなる

胸が縮こまっている
胸郭が狭くなると呼吸しづらい。肩周りや首、背中の筋疲労の原因になる

猫背になっている
過度な前傾姿勢になると、膝周りの筋腱を酷使する動きになりやすい

骨盤が後傾している
重心が後ろにずれると膝を伸ばしづらくなるため、膝痛の原因となる

膝が曲がっている
前腿、膝、腰に負荷がかかり、長時間続くと故障や痛みの原因になる

OK

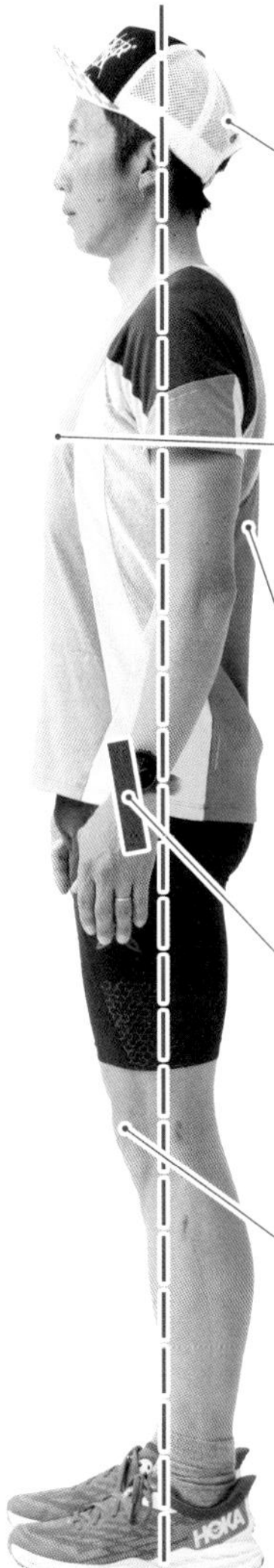

真っすぐな軸をつくる
力まず、頭・肩・腰・くるぶしが一本の線上に並ぶように体軸を調整する

頭を上げる
登山では下ばかり見がち。頭を上げ、顔は真っすぐ前に向けて視野を広げる

胸を開く
みぞおちを前に出し、胸を開くと骨盤が立つ。胸郭も広がり呼吸しやすい

背筋を伸ばす
みぞおち、首の付け根をスッと高い位置に上げると力まず背筋を伸ばせる

骨盤を立てる
骨盤を立てると背中の大きな筋群を使え、姿勢も整えやすくなる

膝を伸ばす
自然に膝を伸ばす。力を込め過ぎて膝が棒状にならないように注意！

次ページ〈効率の良い動き〉

効率のよい動き

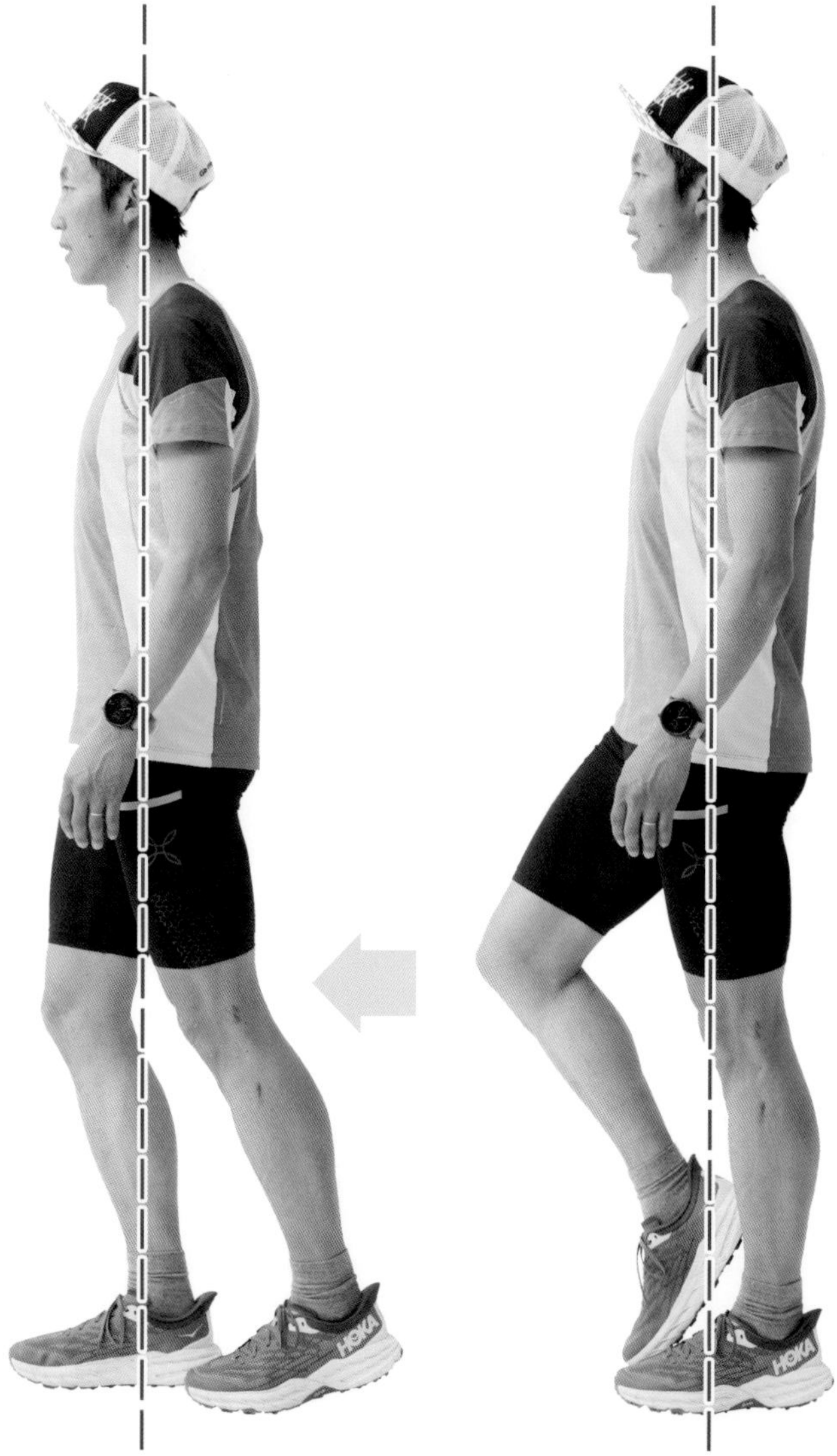

支持脚の股関節を伸展させる

上体が前のめりにならないように支持脚の股関節を伸展させる。すると上体は前進してゆくので、上げていた脚を下ろしながら、フラットに接地する

支持脚に沿ってかかとを引き上げる

後ろ足で真っすぐな軸をつくる。そのまま支持脚に沿ってかかとを引き上げる意識を持つと、股関節や膝関節が自然に屈曲して脚が上がってくる

NG

**膝下を
振り出し過ぎる**

接地位置が前方にずれるため、腰の位置が落ちて、膝の負担が増える

NG

猫背で歩く

体軸が曲がると曲線を描く部分の筋腱や関節に負荷がかかり、痛みの原因となる

重心を移動する

接地した脚に重心移動し、軸に沿って真上に立つ。お尻や大腿後面の筋肉を使いながら股関節を伸展させる。ふくらはぎを使って前に蹴り出さない

極意 2

骨盤の上下・前後の動きを使う

動画で確認!

まず、直立姿勢から上体、両肩のラインが傾かないように骨盤を引き上げてみましょう。そして、左右の骨盤を交互に上げ下げしながら〝その場歩行〟をしてみます。両肩のラインが前後しないように注意しながら、引き上げた骨盤を前方へ下ろしていくと前進します。

練習をしてスムーズな動きができるようになったら、股関節や膝関節の屈曲・伸展動作を加えて歩いてみてください。膝を深く曲げられない膝痛持ちの人には、ぜひマスターしてほしい動作です。

骨盤の動きを使えば段差もスイスイ!

骨盤の動きを歩行に活かせると、ストライドを広くできます。その結果、大きな段差を越えたり、落差のある下りで足場を確保するための下肢を伸ばす動作も楽になります。また、体幹に近い大きな筋群を優先的に使えるようになるため、脚の筋肉の疲労や膝への負担も軽減できます。

骨盤を引き上げる

骨盤が落ちている

片足立ちの時に骨盤の位置が下がると股関節や膝関節が曲がったままになり、大腿前面や膝にストレスがかかる

骨盤を引き上げる

上体が傾かないように気をつけながら骨盤を引き上げてみる。支持脚側の骨盤が下がらないように注意！

基本の直立姿勢

体軸に対して左右の骨盤の上部をつないだ線が直角になるように直立姿勢を調整する。力まないようにすること

3 極意

2軸歩行を意識して脚の向きを合わせる

体の幅に合わせた2軸をイメージする

普段歩いている時に、左右の脚の幅が意外と狭くなっていることに気付いたことはありませんか？　これは、日常生活で歩く場所が、ほぼ平らなため、左右のバランスをとるための立ち幅が狭くても不自由がないことが理由です。

このような狭い立ち幅に慣れていると、

登山道などの不整地を歩くと、足場が安定しないので、脚部に余計な力が入ったり、トレッキングポールに頼り過ぎることがあります。

左右のバランスを整え、脚部の筋腱や関節に大きな負荷をかけないように、左右の肩・腰・くるぶしをつないだ2本の軸がなるべく真っすぐになるような直立姿勢をとってみましょう。その2本の軸の幅に合わせた直線をイメージした2軸歩行を意識してください。きっと、左右にフラつくことなく安定して歩くことができるでしょう。


動画で確認!

2軸歩行で歩く

2本のレール上を進むイメージで

進行方向に2本のレールが敷かれていることをイメージしよう。膝、爪先がレール上をなぞるように歩く

体の傾きをチェック

両肩を結んだ直線が、上下前後にブレることがないように、骨盤のねじれをコントロールする

片脚を踏み出す

接地している支持脚は、体軸に合わせるようにできるだけ長く真っすぐ伸ばすことをイメージする

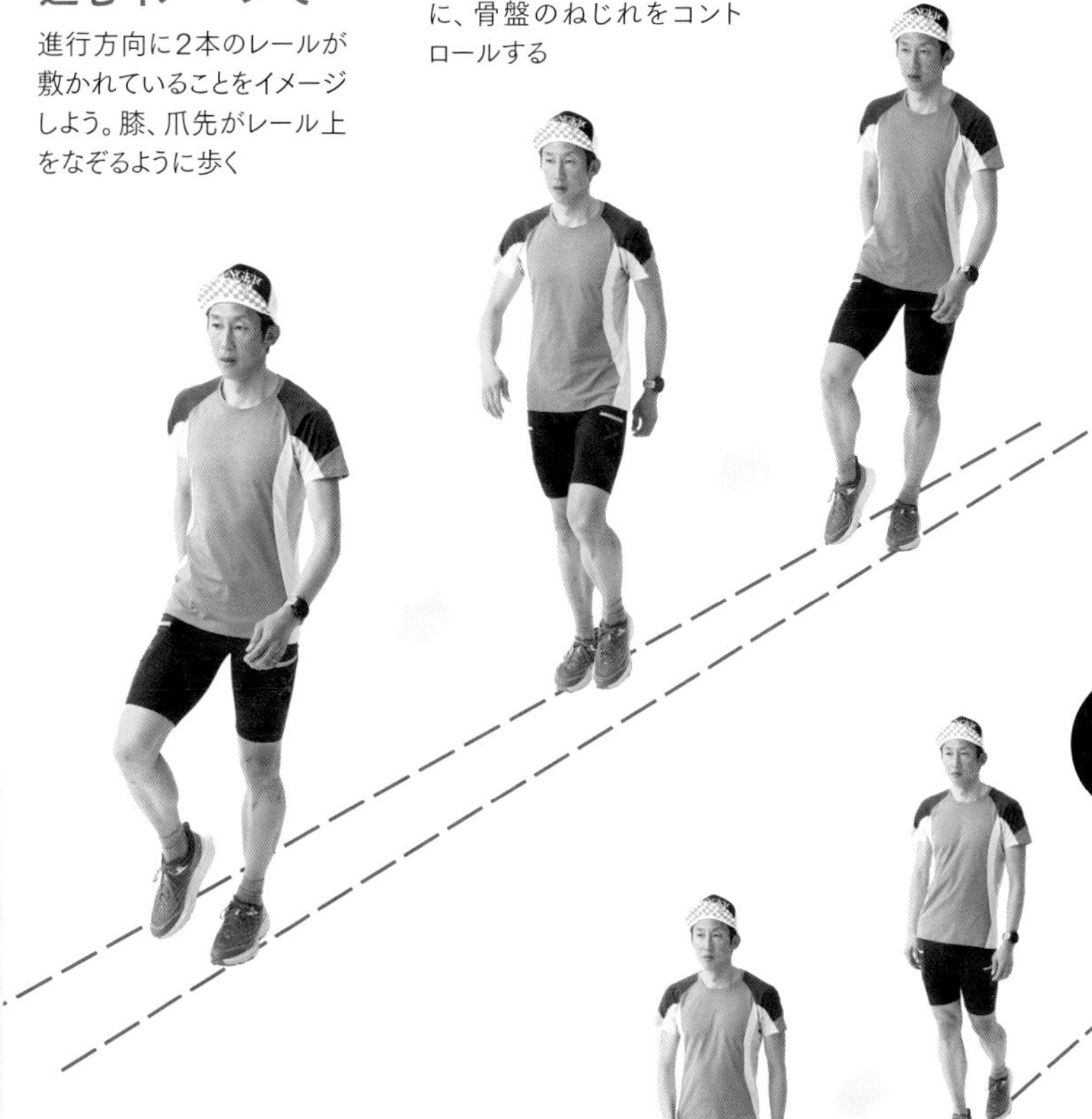

1軸歩行は膝の負担が大きい

足幅が狭くなると重心が不安定になってしまう。その結果、バランスを保つために筋腱や関節を酷使することになる

次ページ〈理想の立ち幅〉

2極意

2軸歩行を意識して脚の向きを合わせる

足裏に均等に体重をかけられるのが理想の立ち幅

1本の線上を歩く1軸歩行は、キレイな歩き方に見えますが、山歩きには適しません。登山でそのような歩き方をすると、移動スピードは遅くなり、凹凸のある地面でバランスをとるのが大変です。

そこで、2軸歩行にして立ち幅を広げることで左右のバランス調整がしやすくなるだけでなく、膝や足首の関節への負荷も軽減できます。接地時に母趾球（親指の付け根）、小趾球（小指の付け根）、そしてかかとの骨の3点に均等に圧をかけられるのが理想の立ち幅です。目安としては両膝の間に握りこぶしが1つ入るスペースがあるといいでしょう。

この立ち幅を覚えると運動効率のいい歩行ができますし、足首の関節が緩んでいる人は捻挫予防にもなります。また、冬季登山でアイゼンを使用する際にパンツの裾を引っかけずに済むので、ぜひ習得したい技術です。

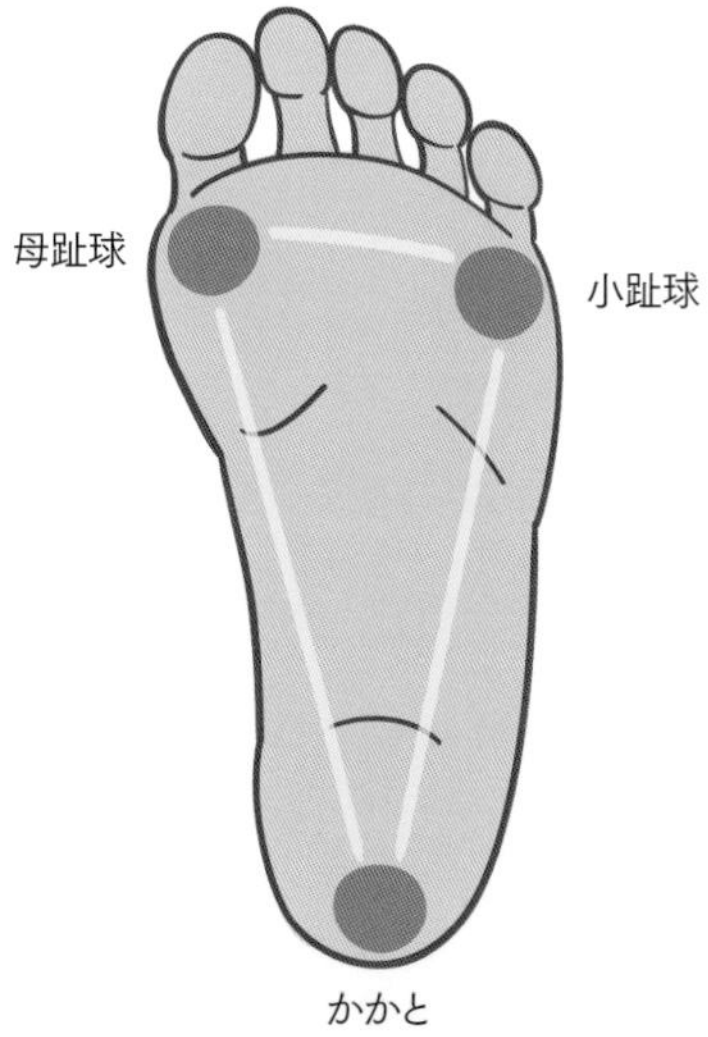

脚の向きを合わせる

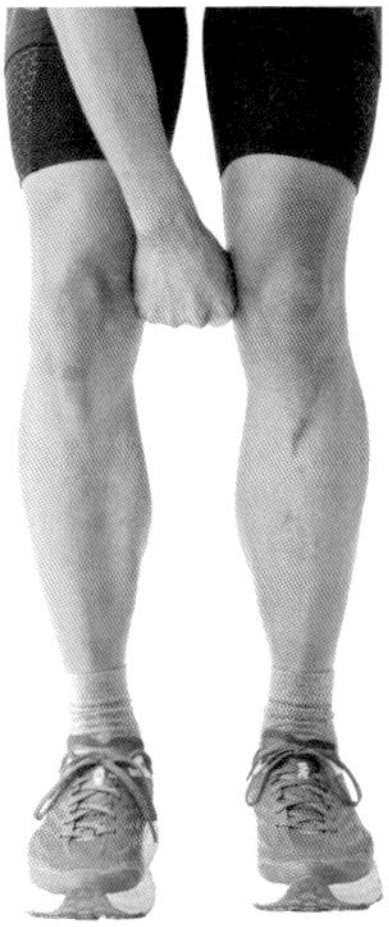

こぶし1つ分開ける

両膝の間にこぶし1つ分のスペースを空けておく。膝や足首の関節の内・外側にかかるストレスを軽減し、足裏全体での接地がしやすくなる

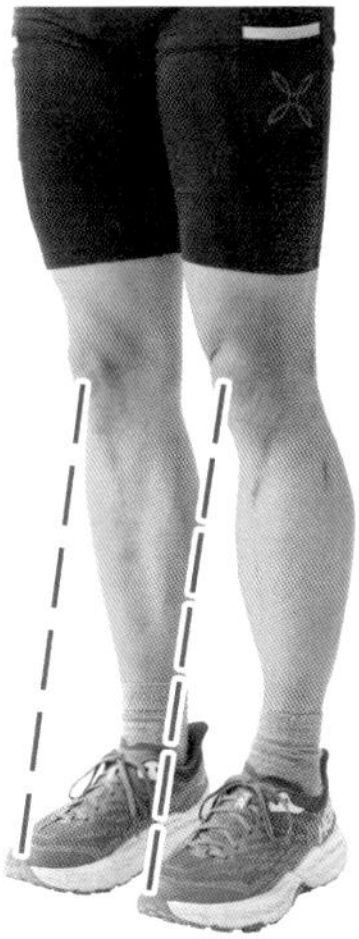

膝と爪先を進行方向に向ける

直立姿勢をとり、膝と爪先の向きを進行方向と合わせる。その場で足踏みをしても、向きが変わらないように意識しよう

膝が外側に曲がるO脚

外側側副靭帯や内側半月に負担をかけるフォーム。男性に多く見られる傾向があり、バランスを崩して捻挫を誘発したり腸脛靭帯炎になる可能性がある

膝が内側に曲がるX脚

内側側副靭帯や外側半月に負担をかけるフォーム。女性に多く見られる傾向があり、鵞足炎や足底筋膜炎などのトラブルにもなりやすい

基本の登り下り

HOW TO WALK COMFORTABLY IN THE MOUNTAINS

平地の歩行動作との違いに注目。筋力や持久力のほかに必要とされる技術を解説する。特に体軸と重心移動を意識することが大切だ。

登りの基本

体軸を長く真っすぐに意識することが肝心。ポイントは、脚の筋肉だけでなく、体幹に近い大きな筋群を使うことです。股関節や膝関節の曲げ伸ばし動作も丁寧に行いましょう。

← P.38

大きな段差のある登り

← P.42

股関節を写真のように引き込み、重心を前へ踏み出した脚にスムーズに移していくことがポイント。猫背や巻き肩になってしまい、骨盤が後傾しないように注意しましょう。

下りの基本

← P.44

接地面が広くなるように足裏全体での接地を意識し、体軸をできるだけ真っすぐになるように調整します。急なバランス変化に対応できるよう、体を固めないのがポイントです。

大きな段差のある下り

← P.48

接地と重心移動のタイミングが一緒にならないよう注意しましょう。体重を支える脚の股関節や膝関節をゆっくり曲げていき、できるだけ優しく接地できるようにコントロールします。

登りの基本1（姿勢）

足裏全体で踏む込む

体軸を真っすぐにし足裏全体で踏み込むと、立っている脚と上げている脚がスムーズに入れ替わる

股関節を引き込む

お尻を後ろに突き出すようにして股関節を曲げて、引き込む。膝関節を曲げ過ぎないように注意

体軸を意識し脚の入れ替えをスムーズに

登りでは、ふくらはぎや大腿前面、背中、膝関節や腰など、体の一部分に筋疲労・関節痛が出やすくなります。このような局所的な疲労や痛みを感じるのは、猫背・反り腰といった不良姿勢やO脚・X脚で歩き続けていることが原

動画で確認！

猫背になってしまう

前のめりや猫背になると、広背筋、大臀筋やハムストリングスなど背中側の大きな筋群を使えず、大腿四頭筋に負荷がかかる

脚を入れ替える

重心位置が体の真下にあり、前後に振り出した腕と脚は同じタイミングで重心位置に戻る

股関節を伸ばす

直立姿勢に近づくように股関節を伸ばすと、上体は前に押し出され、脚は後ろに移動する

反り腰になってしまう

骨盤を起こす意識が強過ぎると、反り腰になって腰椎や広背筋に負担がかかる。体軸に沿って骨盤の前後傾を調整しよう

因です。安定したよい姿勢を身につけると、過剰な筋肉の使用を抑えることができるので、局所的な負荷はだいぶ緩和されます。

頭・肩・腰・くるぶしを直線で結んだ体軸をできるだけ長く真っすぐにする意識で歩くことがポイントです。また、股関節・膝関節の曲げ伸ばし、特に伸ばす動作を意識しながら登ると、疲労感や痛みを軽減できます。

登りの基本2（足の接地）

ロッカーが強いシューズ
（緩やかな傾斜、平行移動に強い）

自然に足が前に進む

自分で行う歩行動作に、シューズが体を前進させる力がプラスされるため、速く楽に移動できる

重心を移動する

ロッカーが強いシューズを履いた状態で重心を移していくと、ソールが前方へ自動的に転がり前進する

足裏全体で地面をキャッチ！

膝痛を予防するためには、正しい位置に足を接地させることが大切です。

前足部（爪先に近い部分）に偏った接地をしていると、ふくらはぎの筋肉を使い過ぎ、足攣《つ》りの原因にもなります。

また、大股だとかかと接地に

ロッカーが緩やかなシューズ
（急な登り下り、縦移動に強い）

足裏全体でグリップする

垂直方向に体を移動させる際、足裏全体で圧をかけやすい。斜度がきつくてもしっかりグリップする

重心を移動する

緩やかなロッカーのシューズは、足裏感覚を感じやすい。バランスがいいので、ペースを調整しやすい

ワンポイントアドバイス

ロッカーが強いシューズのメリット

ソールが前後に反り上がっている構造をロッカー形状と言い、曲面になっていることで推進力が生まれる。荷物が軽くアップダウンの少ない山行なら、推進力の高いロッカーが強めのシューズがおすすめ。ただし、バランス感覚が必要。

なり、重心移動をするまでの時間が長くなり、体力を消耗しやすくなります。

足の接地は、母趾球、小趾球、かかとの骨の3点に均等に圧をかけるのが理想です。足裏全体で地面をとらえ、力まない歩行を心がけましょう。

山行スタイルでシューズのソール形状（ロッカーの有無）を変えると、よりスムーズな登山が可能です。

大きな段差のある登り

前のめり過ぎず反り腰にならないちょうどいい傾きで

大きな段差が続くと、脚に力を入れる度に膝が痛むことがあります。疲労がたまってきてからの大きな段差は、特に負担が大きく感じます。そこで、少ない力で膝に負担がかからない体の使い方を習得すると、岩場や大きな段差が

動画で確認！

前脚を段差の上に接地する

歩幅を広げ過ぎたり、脚を高く上げ過ぎたりせず、足裏全体に加圧できる範囲に接地する。足首、膝の角度の目安は90度

前脚に重心を移動する

前脚の接地面の安定感を確認しながら、みぞおちに膝を近づけるような動作で重心を前脚に移動させていく

反対の脚を段差の上に接地する

重心のかかる脚の股関節・膝関節を伸ばしながら、後ろ脚の股関節・膝関節を曲げていくと、自然に脚が入れ替わる

骨盤全体を引き上げる

後ろ脚で蹴って上がらず、股関節を引き込みながら前脚の膝をゆっくり伸ばしていく。骨盤の過度な前傾・後傾に注意！

NG

上半身が前かがみになる

猫背で骨盤が寝てると、股関節・膝関節の曲げ伸ばしがしづらくなり、大腿前面や膝周りの筋腱に負荷がかかる

続いても疲労をため過ぎず、痛みが出にくくなります。

　ポイントは、股関節をしっかり後ろに引き込み、重心を前に踏み出した脚にスムーズに移すこと。猫背になって骨盤が丸まり後傾しないように注意。胸を張り過ぎて反り腰になっても背中を使い過ぎてしまいます。前傾も後傾もしない、ちょうどいい傾きを見つけることが大切です。

下りの基本1（姿勢）

股関節・膝関節を曲げていく

支持脚（接地している側の脚）をゆっくり曲げながら、脚を入れ替える準備をする

遊脚を接地し安定感を確認する

遊脚（浮いている側の脚）の股関節・膝関節を伸ばして接地面の安定感を確認し、接地位置を決める

股関節・膝関節の使い方を覚えよう

膝痛の不安を抱えている人にとって、下りは最も慎重に移動しなければいけない場面です。下りの接地の衝撃は、登りや平地の何倍にもなるため、痛みなどのトラブルが出ないように動きを調整する必要があります。

動画で確認!

支持脚の膝を緩める

腰が前に移動し、体軸が真っすぐになる。膝関節をつっぱらず、怖がらずに膝を緩めていく

重心を移動させる

接地位置が安定していたら、ゆっくり重心を移していく。足裏全体に圧がかかるとグリップが利く

一気に重心移動してしまう

出した脚にそのまま重心を移すと、接地面が安定しない。滑ったり足首を捻ったりしてケガをすることがあるので注意したい

及び腰になってしまう

下りに対する恐怖心から、腰が引けた状態になる。後傾で膝に負荷がかかった状態で滑ると大きなケガにつながる恐れも

特に重心が乗っている支持脚は、膝を曲げたまま接地すると体重の何倍もの大きな負荷を膝で支えてしまいます。膝の負荷を減らすために、股関節の曲げ伸ばし動作をしっかり行いましょう。膝に痛みが出やすい人は、股関節を引き込むように曲げて柔らかく接地し、重心移動しながら腰を元の位置に戻して体軸を真っすぐに整えてください。

下りの基本2（足の接地）

もう怖くない！効率のよい下り方をマスターしよう

山行のなかでも下りはケガのリスクが高く、効率のよい下り方をマスターすることがとても重要です。下りに対する苦手意識は、腰が引ける→かかと重心になる→接地面が狭くなり、グリップが利かず転倒しやすくなる、という負

脚を前に送る

支持脚（接地している脚）の膝を緩め、曲げながら反対の脚を前に出す。圧をかけるタイミングは足裏全体が接地してから

足裏全体で接地する

足裏全体が接地したら、足場が安定しているかを判断する。接地と加圧・重心移動のタイミングは一緒ではないことが重要！

重心を移動し反対の脚を前に出す

足裏の安定感を確認し、膝関節を伸ばしていく。すると、自然に接地位置に圧が加わり、重心が移動する。反対の脚を前に出す

ワンポイントアドバイス

安定性の高いシューズ

かかとの接地面が広く、どこに接地してもオートマチックに重心位置を修正してくれるシューズもある。下りが苦手な人には便利な一足。

の連鎖を引き起こします。バランスを崩した際に無理に踏ん張り、ケガにつながらないようにしましょう。

ポイントは、接地面が広くなるように足裏全体での接地を意識し、体軸を真っすぐに調整すること。急なバランス変化に対応できるよう、体は固めないようにしましょう。「怖がらない」といった精神論ではなく、怖さの原因を解決する技術習得が肝心です。

大きな段差のある下り

支持脚の膝をゆっくり曲げる

支持脚（接地している脚）の膝を可能なかぎりゆっくり曲げていく。それと同時に、遊脚（接地していない脚）で地面をとらえる準備をする

重心は支持脚のまま遊脚を下ろす

支持脚側の膝関節の角度が90度より小さくならないようにする。股関節を後ろに引き込みながら遊脚を下ろしていく

できるだけ優しく接地する

膝痛を感じている人にとって、大きな段差のある下りは最難関ともいえます。ポールを使ったりしながら、できるだけ筋腱に負荷をかけない下り方を見つけたいものです。

X脚やO脚、膝に受傷歴がある人は、接地と重心移動の

動画で確認！

接地面を確認して重心を移動する

遊脚で接地し、足場が安定していることが確認できたら、ゆっくりと軸を真っすぐに整える。すると自然に足裏に圧が加わり、重心が移動する

タイミングが一緒にならないように注意しましょう。支持脚の股関節・膝関節をゆっくり曲げて、できるだけ優しく接地するようにコントロールしてみてください。これができるだけで接地の衝撃をかなり緩和できます。自分が下りることができる高さを知っておくことも重要です。高過ぎると感じた場合は、少しでも段差の低い箇所を探して下るとよいでしょう。

OK

膝と爪先の方向が一緒になっている

体の向いている方向と膝、爪先の方向が一致していることで、自然な体勢になり筋腱の負荷を軽くできる

NG

脚がX脚になっている

膝が内側に倒れたり上体が傾いたりすると大きな負荷がかかり、局所的な痛みの原因になることがある

脚がO脚になっている

膝が外に開き、大腿の横の筋肉に負荷がかかる。ここの柔軟性が落ちると、腸脛靭帯に痛みが生じることがある

トレッキングポールの使い方

HOW TO WALK COMFORTABLY IN THE MOUNTAINS

トレッキングポールは、うまく使ってこそ「万能の杖」。登りだけでなく平地でも下りでも活用できれば疲れ知らず！ポールを「無用の長物」にしないためにも使い方を覚えよう。

平地での使い方

ポールで後ろに押したり体を押し上げたりしないように。左右のバランスを整え、登るきっかけを作ったり、下る手前で体が進み過ぎないよう調整するのが、平地のポールワークの基本です。

← P.52

登りでの使い方

腕を軽く曲げ、ポールを突いたところをきっかけに脚を前に出します。左右のポールと支持脚の3点支持で安定したところへもう一方の脚を出すと、無駄な力みがなくなり、楽に移動できます。

← P.54,56

下りでの使い方

下りでは、ポールのチップ（石突き）を前方へ突きながら前後左右のバランスを整えます。そして、谷側に突っ込まないようにポールで体を支えることで、体軸を安定させることができます。

← P.58,60

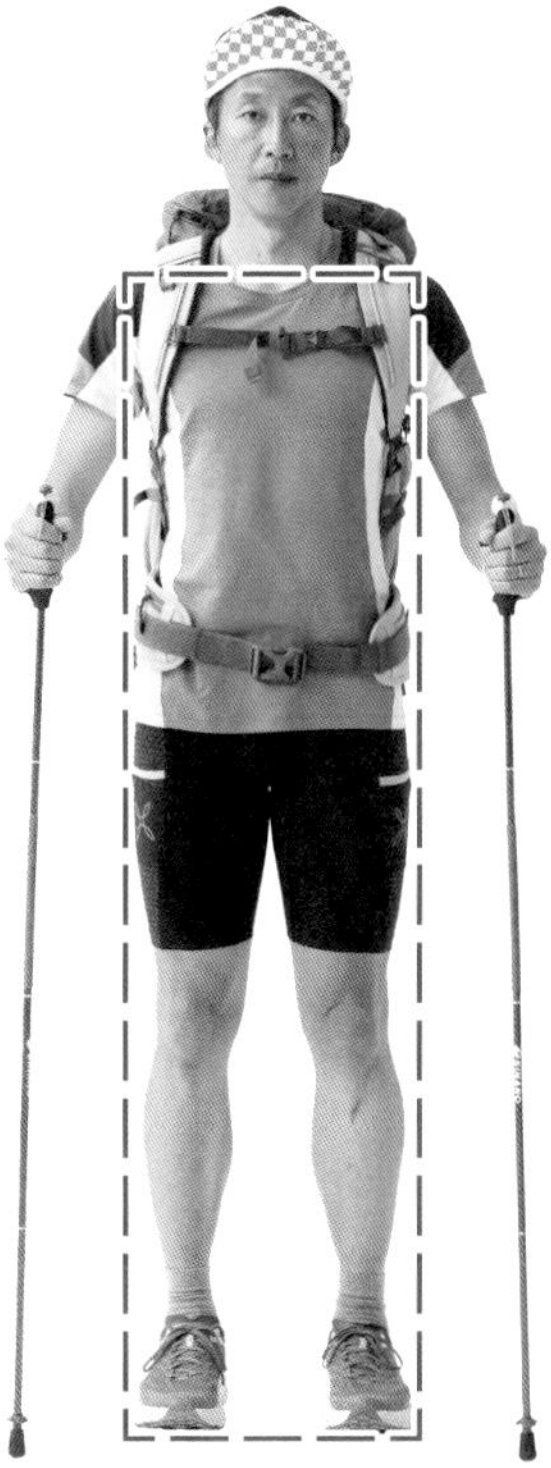

正しい基本姿勢

両肩から両足をつないだ長方形の中にポールが入らないよう、体の横にポールを構える。肘の角度は直角にセットし、ポールにしがみつかない

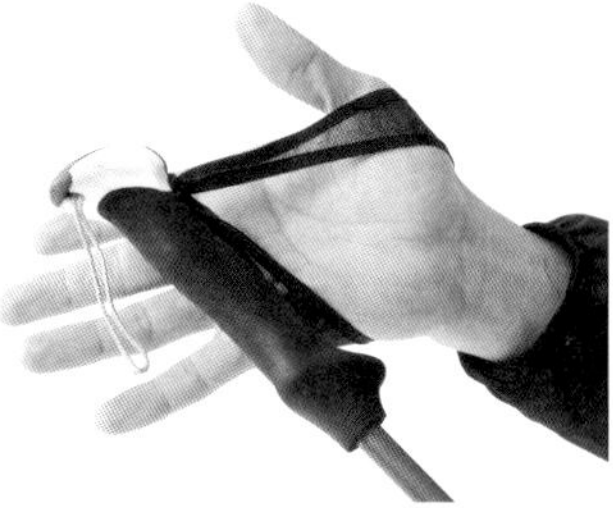

正しい持ち方

スキーのストックと同じようにストラップに手を下から通す。そしてストラップと一緒に上からグリップを軽く握る

前に振り出す時

ポールを前に出す時は、自然に腕を振って力を入れないこと。腕全体を使わず、手の腹で前方に軽く押し出すだけ

体の前面で構えるのはNG

ポールを体の前面や内側に構えると、ポールにしがみつきやすくなり体軸が歪んでしまう

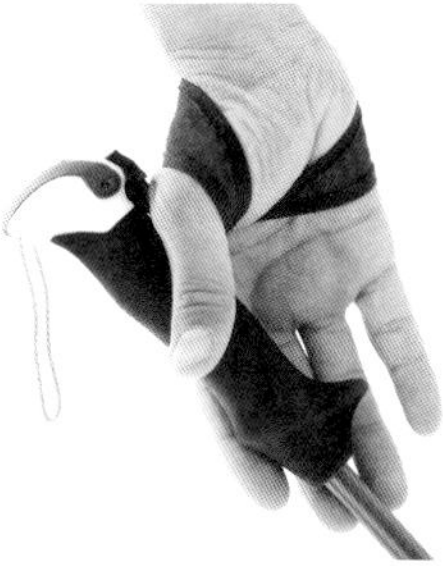

後ろに振り出す時

肘関節を曲げたり伸ばしたりせず、肩関節を前後に動かし、手を通したストラップでポールを押し出すとよい

動画で確認！

平地での使い方

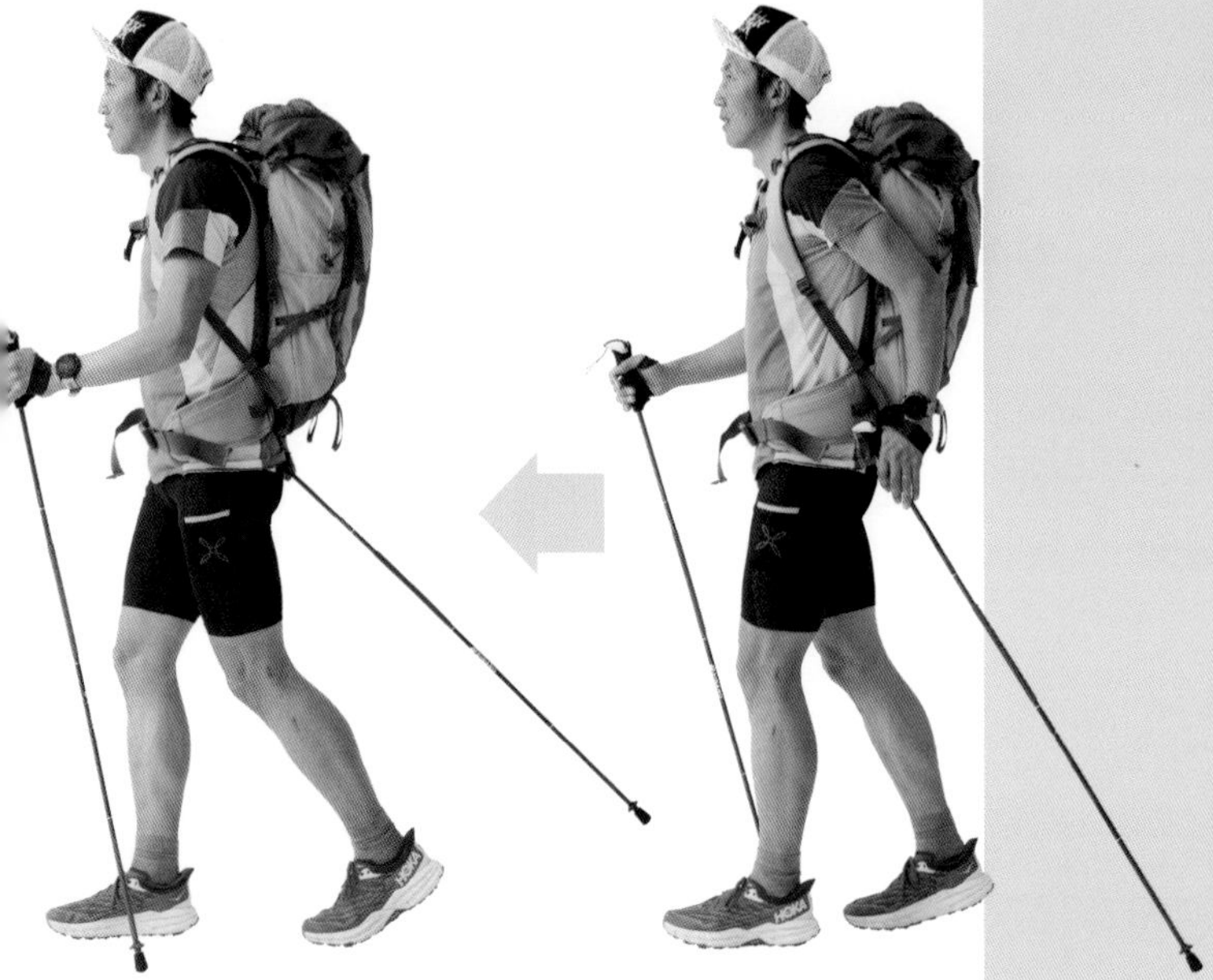

腕振りは軽く肘を曲げて自然に

グリップは軽く握る。腕を自然に前方へ振り出すとチップは遅れて後方からついてきて、腕を振るのに合わせてストラップに圧が加わる

チップ位置を追い越すように脚を出す

2つのチップが地面に触れて支持脚と合わせて3点支持ができたら、チップの接地点を追い越すようにもう一方の脚を出し、接地する

動画で確認!

ポールの仕事量に期待し過ぎないこと

ポールを使っての歩行は、動きに慣れるまでに少し時間がかかります。最初のうちは、ポールを持った途端に腕周りが緊張し、ぎこちない動きになってしまいがち。二の腕や肩周りの筋肉が疲れてくると、ポールを使うのが煩わしくな

NG

**グリップを握り込み
チップを前に突いている**

ポールのグリップを強く握り過ぎて、腕の筋肉全体が力んでしまっている

重心を移動させる

移動・前進は脚部の仕事。ポールは前後左右のバランス調整、脚の振り出しのきっかけ作りに専念し、頼り過ぎないこと

ってくることもあります。

また、ポールに慣れない人は、力を込めてぐいぐい進もうとしがちです。初めのうちは移動スピードが上がりますが、時間が経過するにつれバテてしまいます。左右のバランスを整えたり、登るきっかけを作ったり、下る手前で体が進み過ぎないようにする作業をポールワークとし、前進する運動は脚の仕事として作業分担させましょう。

登りでの使い方

軸をブレさせないよう意識して足を接地

前方に接地した脚の股関節・膝関節をポールの補助を使って伸ばす。グリップは握り込まず、指で軽く保持する程度でOK

ポールを突いてから脚を接地

腕を前に振り出し、チップを突いて3点支持の体勢をとってから足を接地する。ストラップに手を通すと、握り込まなくてもしっかり押し出せる

動画で確認!

ポールを使うことで脚力を温存させよう

登山でポールが最も活躍する場面は登りです。登りは、膝に負担がかかる下りのことを考えて脚力を温存させたいところ。ポールをうまく使って、登りでどれだけ楽ができるかを考えていきましょう。

腕を軽く曲げ（きつい斜面

ポールと体軸の傾きを揃える

前傾した体軸に沿ってポールと股関節を伸ばすと、上体がスムーズに前方へと運ばれる

NG

ポールを前でさばき過ぎる

グリップを握り込むと腕や肩周りが力み、姿勢も崩れて脚部が伸ばせない。結果として余計に疲れる

ポールにしがみつく

大きな段差を乗り越えるなど有効な場面もあるが、長時間の運動には不向き。体軸が崩れやすくなる

では直角で）、ポールを突いたところをきっかけに脚を前に出します。順番は①ポールを振り出して突く、②足を振り出して接地、③重心移動です。ポールはバランスを整える程度に利用し、左右のポールと支持脚が3点支持で安定したら脚を出しましょう。バランスをとるための力みがなくなり、楽に移動ができます。腕を振りきる時の反動で脚を出すのがポイントです。

急斜面の登りでの使い方

動画で確認！

ポールに圧をかける

ポールは高く上げず、両腕を前方に振りチップを足元へ接地。一歩踏み出し、グリップ・ストラップに圧をかけながら重心を移していく

脚の伸展と重心移動

ポールで補助しながら膝を伸ばし、前脚に重心を移していく。ストラップに手を通しておくとグリップを強く握り込まずに押し出すことができる

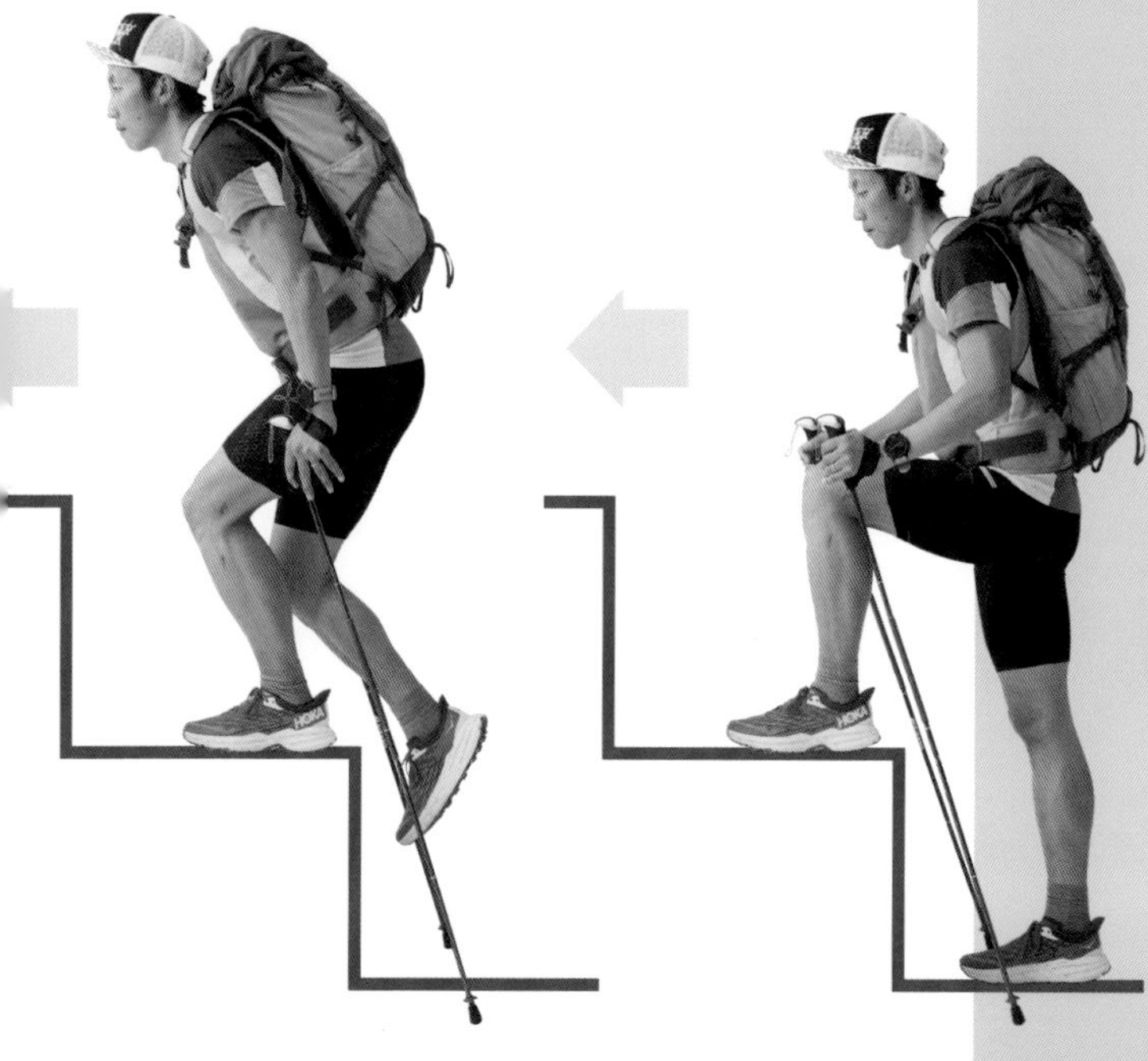

ポールで足元に2つの支点を作る

急斜面の登りでは、グリップを段差の上に高く上げ、ポールにしがみつくような動作になりがちです。そうすると、大きな段差が続く場面では腕や肩周りがたちまち疲労し、背負っているザックも揺れてバランスが悪くなります。

腕を前に振り出し、足元に

初動の負荷をポールでコントロール

再度、グリップ・ストラップに圧をかけて次の一段へ。ポールで補助し、膝周りの負担を軽減させる

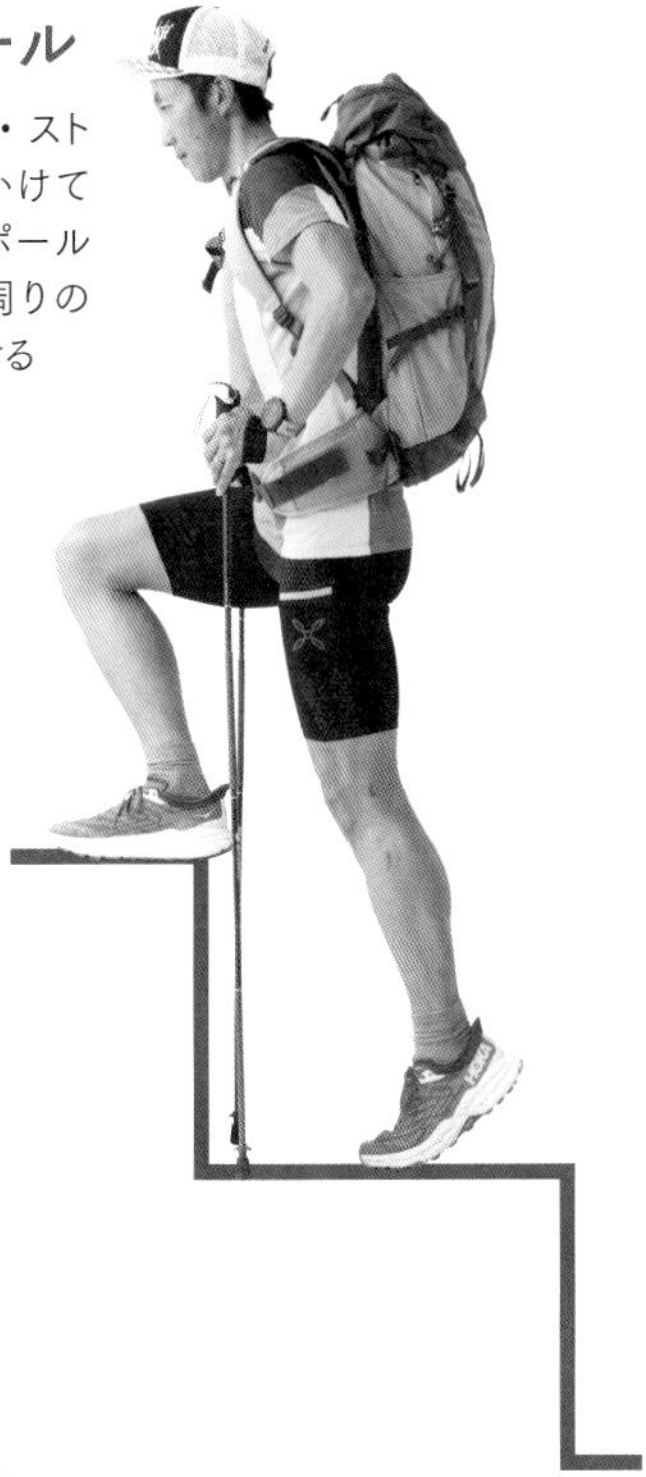

ポールを引き上げ次の3点支持の準備

膝が伸ばせたらチップを地面から離し、体軸を真っすぐに戻す。足元を見て次の3点支持を確保する

NG

ポールにしがみつく

体軸もブレて腰や膝にかかる負荷が増えてしまう。ポールに頼り過ぎてバランスを崩すこともあり危険

チップが接地したらグリップ・ストラップに圧をかけます。左右のバランスが整ったらポールの間を通過しましょう。

急斜面では、ポールに体重を預けた時にチップがずれてバランスを崩し、転倒・滑落することもあります。手による保持が必要な険しい岩場などでは、ポールをバックパックにしまうほうが安全なこともあります。

下りでの使い方

下りこそ知っておきたいポールワーク

呼吸が上がり疲労を感じやすい登りでは、ポールの効果を実感している人は多いでしょう。しかし、もっと重要なのが下りでの使い方です。下りは、着地の衝撃やブレーキ動作で生じる体への負担が、登りの何倍も大きいからです。

片方ずつ突く場合

バランスをとってから脚を接地

ポールと脚とで3点支持を確保してから接地する。そうすると、捻挫のリスクを減らしたり、着地の衝撃を緩和したりすることができる

ポールを使って体軸を調整

手のひらと指でポールコントロールし、腕は上げない。谷側に加速する体をポールで受け止め、腰が引けないように体軸を調整する

動画で確認！

左右のバランス 歩行速度を調整

ポールの間をバランスや歩行速度を調整しながら通過する。数歩歩いてポールが地面から離れたら再度ポールを前方へスイングする

左右のポールを同時にスイング

腕は振り上げず、手のひらでグリップをプッシュし、ポールを体の横で構える。チップが接地したら加圧し、スピードを調整する

腕振り・ポールワークは力まずに

グリップ位置は体の横か、やや前方が理想。前傾し過ぎることなく重力方向に立つようにポールで姿勢を調整して、脚を入れ替えていく

膝痛に悩まされている人は、特に下りのポールワークを体得することが大事です。

下りでは、体が谷側に向かって加速していこうとするのを脚で踏ん張ってスピード調節します。その時にポールのチップを前方へ突きながら前後左右のバランスを整えつつ、谷側に突っ込まないようにポールで体を支えることで体軸を安定させられます。

NG

前かがみの姿勢は要注意！

ポールにしがみつくとグリップが体に当たってケガをする。膝や腰にも負荷がかかるため、直立姿勢からリスタートしよう

急斜面の下りでの使い方

動画で確認!

急斜面では脚の負荷をポールに分散させる

急斜面の下りでは、下降する際に支持脚で支える時間が長くなります。そうすると、大腿前面の筋肉はパンパンになり、膝関節にも大きな負荷がかかるため、膝を痛めている人にはとてもつらいセクションとなります。

左右のポールを振り出して接地点を決める

左右のポールを振り出し、重心の真下へチップを突く。脚を接地して左右のバランスを安定させ、脚を下ろすための準備をする

屈曲の負荷をポールで補助

支持脚の膝を曲げる負荷をポールで調整しながら、ゆっくり体を降下させて接地する。ポールに全体重は預けないように注意

NG

ポールを接地する前に下りないように！

ポールのチップを突く前に脚を下ろすとバランスを崩すこともある。「ポール先行」を忘れずに！

姿勢を立て直し次の段差へ

脚を接地し、ポールを使った「四足歩行」で足場を確保したら、体軸を真っすぐに立て直す。次にチップを接地する安定した場所を探す

手足の3点支持でバランス保持をするような難所ではポールをしまったほうがいいですが、急斜面のポール術を体得すると支持脚を曲げる時にかかる負荷をポールに分散させられるようになり、かなり楽に下れるようになります。

重心の真下にチップを突いて、ゆっくり脚を伸ばしていって接地すると、着地の衝撃を緩和し、捻挫やスリップのリスクも軽減できます。

悪路の歩き方2つの極意

HOW TO WALK COMFORTABLY IN THE MOUNTAINS

悪路ではしっかりしたバランス保持が大事。
腰が引けないように体軸を長くし、
3点支持で力まずに通過していくことがポイント。

1極意

手を使う岩場では
3点支持で
脚を使って登ろう

P.64

2極意

足元が動きやすい
下りでは
重心を真下に保つ

P.66

NG

体が岩場から離れ過ぎている

手による保持が甘くなり、上体が岩から離れている。滑落の危険もあるため、常に手足による3点支持をキープしたい

NG

岩にしがみつく

腕の力で登ろうとするあまり、岩にしがみつき、お尻が引けている。脚の力を使えないので、腕が力尽きたら滑落してしまう

手で保持することで岩との距離とバランスをキープし、脚を使って移動する。3点支持で手足を入れ替えながら登る

NG

後ろ重心で上体が反っている

重心がかかとに乗っているため、体がのけ反ってしまっている。少し足元が動いただけで、尻もちをついてしまう

NG

腰が引けてしまう

足元の不安定さに慎重になり過ぎて腰が引けている。バランスはとれるものの全身が力み、長時間の行動に適さない

重心を真下に保ち、支持脚にかかる負荷を調整しながら股関節・膝関節を曲げる。小さく踏み出し足裏全体で接地する

1 極意

手を使う岩場では3点支持で脚を使って登ろう

動画で確認!

手足それぞれで役割分担を

手による保持が必要な急登では、四肢のうち3点を接地し、手足を入れ替えながら移動しましょう。体と斜面が近過ぎても遠過ぎても適度なバランスは保てません。手足の操作がスムーズに行える一定の距離間で移動します。

岩場など手を使う場面では、どうしても手だけで登ろうとしがちです。手は岩場に起点を作り、脚を伸ばす時に軽く引き付けてバランスを整えるために使いましょう。どの場面でも移動する時の主動は脚。これを忘れないでください。

ワンポイントアドバイス

地面に対して真っすぐ接地する

シューズは爪先からかかとに向かって靴底の凹凸が立っている。だから、縦方向にしっかりグリップしても、横向きに接地すると簡単に横滑りする。岩場では接地面に対して靴を真っすぐセットし、爪先と膝、進行方向を合わせよう。

1 常に3点支持の体勢で

斜度にかかわらず、体勢が崩れて転倒しそうな時は四肢を使おう。手－脚－脚の3点支持から、もう片方の手で次のホールドをつかむ

2 手はバランス保持、脚で移動

重い荷物を背負って手の力だけで登るのは難しい。脚を伸ばす時によろけないよう、手のひらでしっかり保持して、次の足場を決める

3 支持脚を伸展させて移動

四肢で岩を保持して安定したら、両手で保持している場所の中心に体を移動させるイメージで脚を伸ばしていく

4 両足を接地し、次のホールドへ

離れていたもう片方の足を接地し、4点で保持する体勢に。進行方向にあるホールドを見定めて手でつかみ、次の足場を決める

2 極意

足元が動きやすい下りでは重心を真下に保つ

動画で確認！

バランスを崩す前提のポジショニングで

濡れたガレ場や動く石だらけのザレ場では、足元は滑ったり動いたりして当たり前と思って行動しなければなりません。3点支持で前後左右のバランスを調整したり、体軸を重力方向に真っすぐに保ったりしながら、重心を常に体の真下にセットしておくことが重要です。

また、力んで体を固めてしまうと、バランスを崩した時に体勢を元に戻すことができずに転倒してしまいます。リラックスして膝関節や股関節を柔らかく使いましょう。

ワンポイントアドバイス

膝が前に出過ぎないように！

体軸から膝頭が著しく外れて前にずれると、大腿前面や膝周りの複数の靭帯に大きな負荷がかかる。靭帯に受傷歴がある人は、骨がずれたり当たったりして痛みを感じることも。股関節を引き込み、膝が前に出過ぎないよう調節しよう。

岩場の下り方

1 3点支持で足場を探す

両手で左右のバランスを整え、重心位置を真下に保つ。段差が小さく安定した足場を見つけたら、そこに向けて重心を落としていく

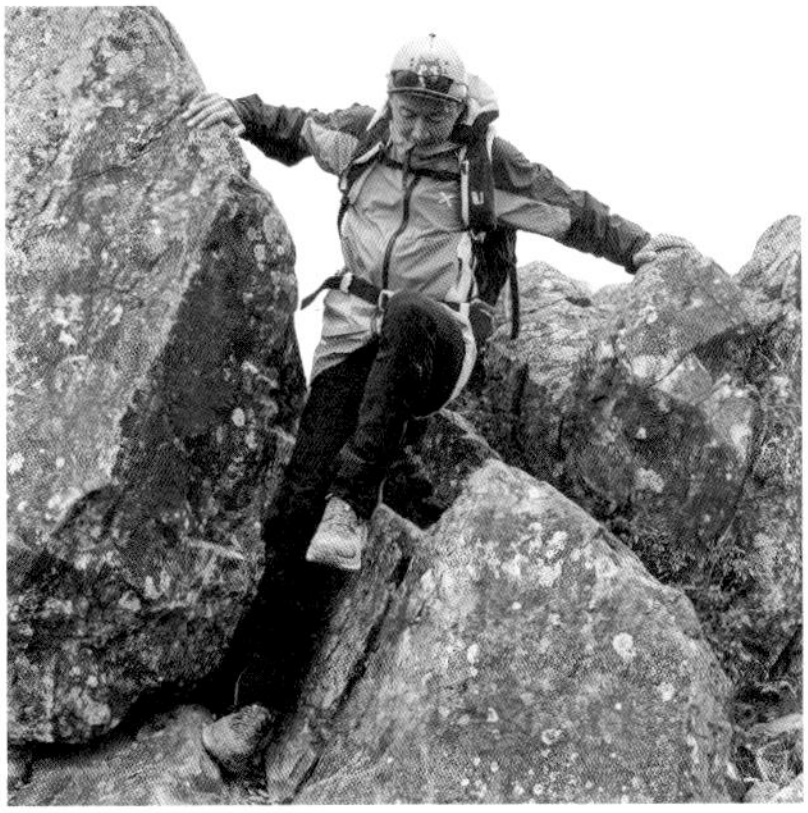

2 ゆっくりと接地する

出した脚に一気に乗り込むのはご法度！　支持脚にかかる負荷を調整しながら股関節・膝関節をゆっくり曲げ、足裏全体で接地する

ザレ場の下り方

1 重心を下げながら踏み出す

支持脚の股関節・膝関節をゆっくり曲げ、重心を真下に下げながら次の足場を見極める。あまり大きく歩幅をとらず小さく踏み出そう

2 足裏全体で接地する

安定した足場を確保して足裏全体でゆっくり接地する。接地した足場の安定感を確認してから本格的に重心移動し、反対の脚を踏み出す

column
2

プロ山岳アスリートの
ポールの使い方

私は、グリーンシーズンはトレイルランニング、ウィンターシーズンはクロスカントリースキーや山岳スキー競技の選手として活動しているため、ポール操作に慣れています。ポールを持っての運動に慣れることは、力まずスムーズな運動を継続するために大変重要です。

私がポールワークの技術指導をする際には、脱力し、普段の歩行やランニングの腕使いにどれだけ寄せられるかをポイントにしています。ポールのグリップを握って歩くだけでも普段と違った運動になり、手に無駄な力が入って、腕全体が固くぎこちない動きになるからです。これは、山岳アスリートでも陥りがちで、「少しでも速く目的地に着きたい」と思うだけで力んでバテることがあります。

日々のウォーキングにポールを携行するなどし、用具を使う運動経験値を上げることで、山歩きをもっとラクにしていきましょう。

1分1秒でも速くゴールしたい心情から力みがち。
力まず脚と役割分担できることが"勝てるポールワーク"につながる

HOW TO
WALK COMFORTABLY
IN THE MOUNTAINS

LESSON
2

疲れを最小限に抑える ペース配分＆栄養補給

ペース配分&栄養補給6つの極意

HOW TO WALK COMFORTABLY IN THE MOUNTAINS

楽しい山行を計画どおりに進めるための6つの極意。補給やペース配分にちょっとした工夫をして、登山をもっと楽しく快適にしよう。

1 極意 キツくないペースを維持する

会話をしながら余裕をもって歩ける指標を決めましょう。心拍計で運動量を計測しながら歩くのがベスト!

← P.72

4 極意 登山中は効率的にエネルギーを補給

どんなものなら登山中に食べ続けられるのか知ることが大事。携行するほかの飲食物との相性もチェックしましょう。

← P.78

2極意 こまめに水分を補給する

季節を問わず、失われた水分や電解質はきちんと補うこと。少量をこまめに摂取する習慣をつけて脱水を防ぎましょう。

P.74

3極意 登山前は炭水化物を多めに摂取

P.76

山中でエネルギー切れを起こさないように、カーボローディングでできるだけエネルギーを蓄えておきましょう。

5極意 登山後は食事で疲労回復を

運動後は、疲労回復のために必要な栄養素を摂取すること。胃腸に負担をかけない好みのメニューを見つけましょう。

P.80

6極意 それでもバテてしまったときは

P.82

無理をせず、計画を変更するなどの臨機応変な判断をしましょう。自然相手のスポーツなので焦りや欲張りは禁物！

極意1 キツくないペースを維持する

客観的に体調を判断し、行動する

登山には、重い荷物を背負っての行動、登り下りを数時間かけて歩くなどさまざまな非日常要素があります。そのなかで、自分に適した歩行ペースを感覚だけで探り当てるのは非常に困難です。

そこで目安としたいのが心拍数。ペースが上がり過ぎた時や体調が優れない時などは心拍数が上がるので、体の状態を知ることができます。寒くても探り当てやすい頸動脈で測定し、10秒測定の回数を6倍すれば、心拍計がなくても山行中にチェックできます。

キツいと思ったら心拍計でチェック！

目標心拍数＝(220－年齢－安静時心拍数)×0.75＋安静時心拍数

心拍数とは、1分間に心臓が拍動する回数のこと。心拍計を使用すると常に心拍数をチェックしながら歩き続けられる。上記のカルボーネン法を用いた計算式の目標心拍数と照らし合わせながら理想のペースで行動しよう

おしゃべりできるスピードで歩く

友人同士など複数人での山行であれば、景色を楽しんだり会話ができたりするくらいのスピードで歩き続けるのがいい

登り始めは意識的にゆっくり歩く

登山の疲労は時間を追うごとに増していく。その日の行程からどの程度の運動強度なら余裕をもって行動できるかを考えながら歩こう

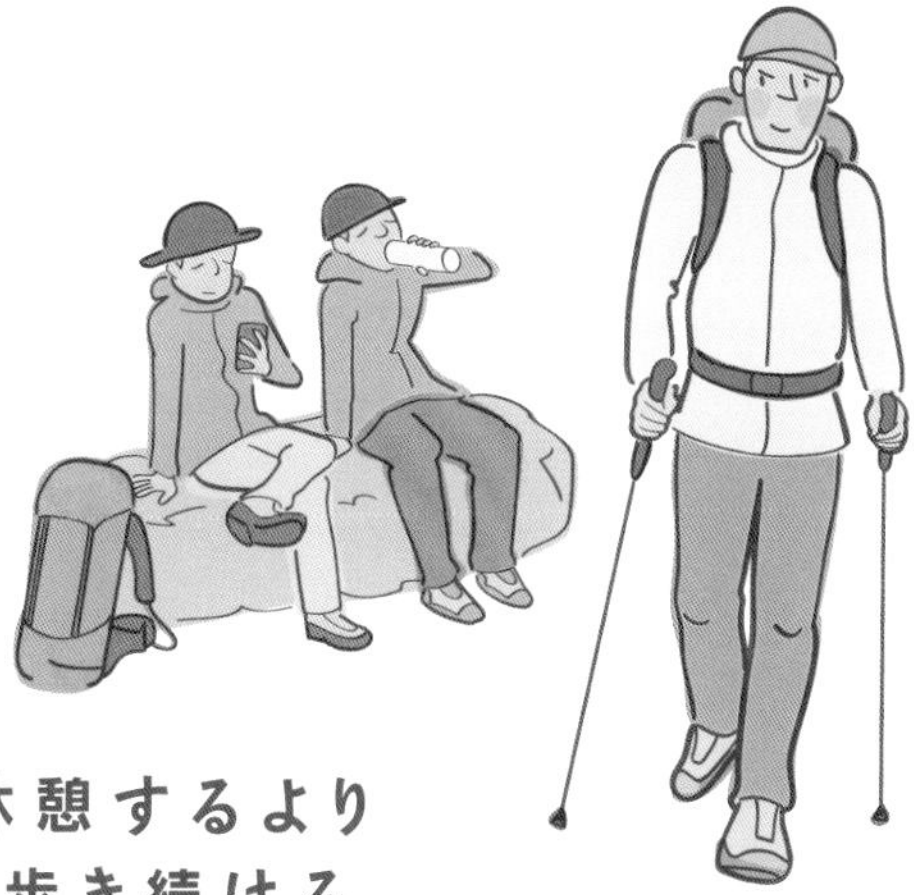

頻繁に休憩するよりゆっくり歩き続ける

余裕をもったペースなら、大休止の回数は少なく、休憩時間も短くできる。体も冷やさず筋肉も固まらないので動き出しがスムーズ

2 極意

こまめに水分を補給する

失われた水分をどれだけ補えるか

成人の体の約60％は水分です。運動後の発汗だけでなく、夏はじっとしていても汗をかきますし、冬でも乾燥していると、体の水分は呼気や皮膚からどんどん空気中に出ていってしまいます。季節を問わず、汗で失われた水分はきちんと補う必要があるのです。

全体重のたった2％が失われただけでも脱水症状が表れることがあります。特に気温や湿度が高い時の登山は、水を10分おきに飲むなど、少量をこまめに摂取する習慣をつけましょう。

のどがかわく前に水分補給をする

登山中に必要な水分量(ml)＝(体重(kg)＋荷物(kg))×5×行動時間(h)

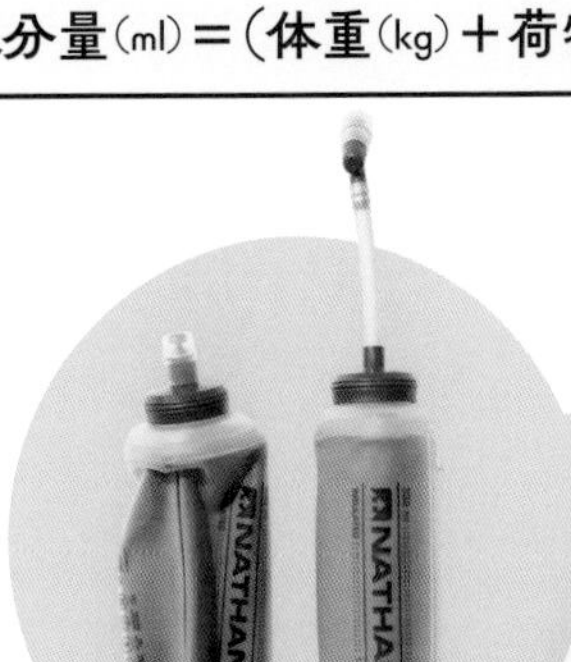

水分補給は喉が渇いてからでは、遅い！ 50㎖（一口分）程度を、時間を決めて飲む。目盛りがあり、縮められるスクイズボトルが便利

ハイドレーションは行動中も補給可能

ハイドレーションシステムは、バックパックから取り出す必要がないのでこまめな水分補給に便利。夏は雑菌の繁殖を防ぐためにスポーツドリンクではなく、水やお茶を入れよう

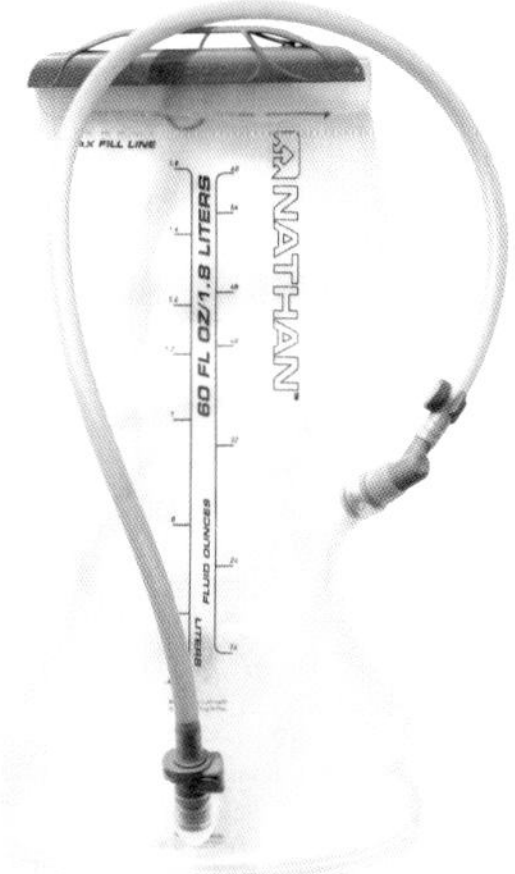

ミネラル分の補給も忘れずに

汗にはミネラル分が含まれている。経口補水液やスポーツドリンク、塩タブレットなどを摂取して失われたミネラル分を補充しよう。予防効果を期待するならこれらを事前に摂取しておくとよい。お茶の場合は、麦茶がよい

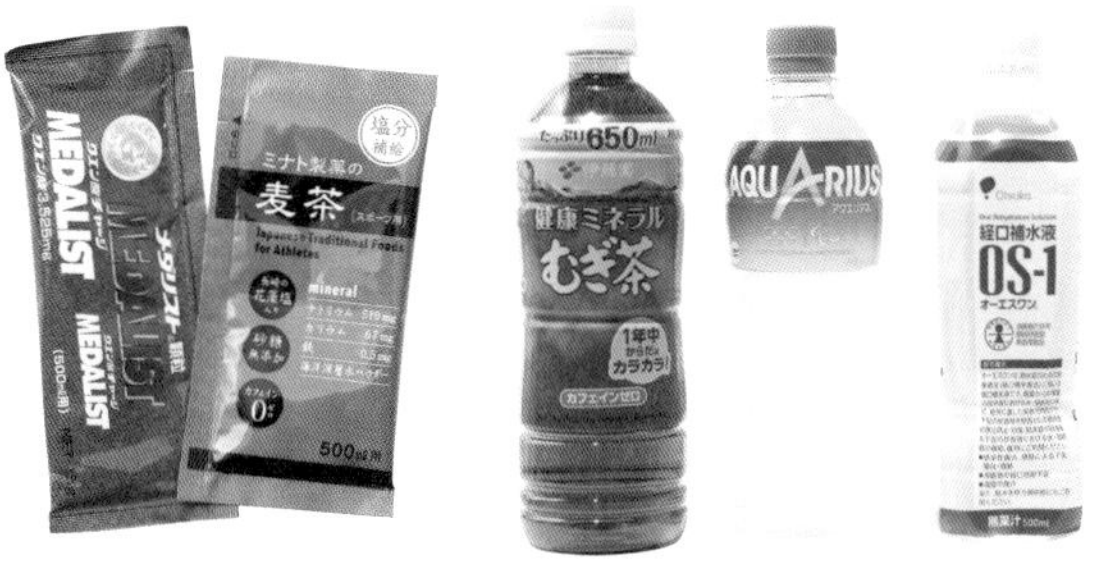

3 極意

登山前は炭水化物を多めに摂取

ご飯やパンなど炭水化物がメニューに入っていれば長期間の準備は必要ない。山行の2、3日前からメニューのアレンジをしてみよう

体内に炭水化物を貯蔵しよう

エネルギーに変わりやすい炭水化物を多めに食べて、体内にエネルギーをためるカーボローディングという方法があります。

エネルギー貯蔵のためにエネルギー効率のよい脂質を多めに摂る方法もありますが、体の負担が大きく準備期間が長くなります。和食は、欧米の食事に比べて炭水化物が多い傾向があるので長い準備期間をかけずに済みます。カーボローディングは、消化器への負担も少ないので、山行前にぜひ取り入れてください。

登山の2〜3日前から炭水化物中心の食事に

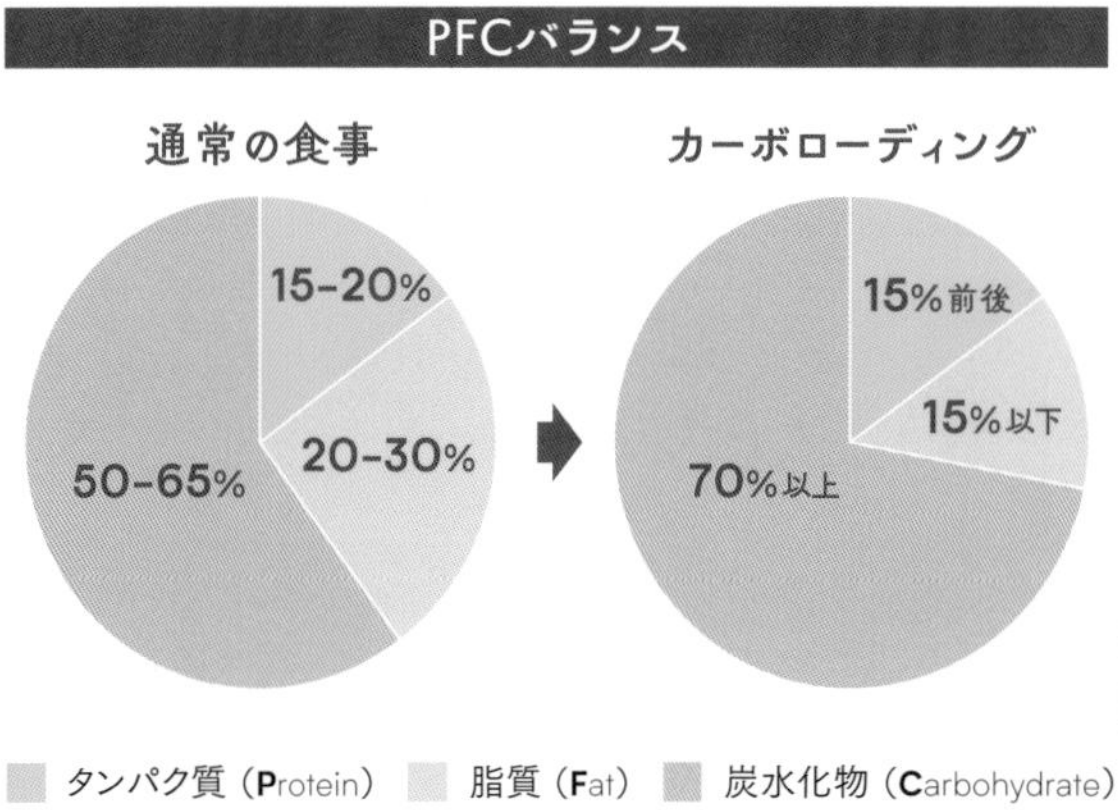

登山前の
ウォーターローディングも効果的

水分も体内にできるだけ多く貯蔵しておくことで脱水のリスクを下げることができる。水よりもスポーツドリンクやミネラル分を含んだ飲料水を飲んで、保水力を高めるとよい

ウォーターローディングの方法

- 1週間前から1日1.5ℓの水分補給
- 1回の補給は150～200mℓを目安に
- スポーツドリンクやお茶がおすすめ

ワンポイントアドバイス

腸内環境を整えるメニューで快適登山！

消化吸収をスムーズに行い、登山中のトイレ回数を調節する意味でも、山行前に胃腸の調子を整えておくことが大事。ヨーグルトや納豆、チーズといった発酵食品を食べて胃腸のコンディションを向上させておこう。

極意 4

登山中は効率的にエネルギーを補給

食べ続けられるものを見つけよう

登山中の補給には、軽量コンパクトで高カロリーな行動食が便利です。登山は運動量が多いので、歩きながら食べたり飲んだりするとエネルギー切れや脱水を防げて、山行タイムの短縮も可能です。

さまざまな行動食がありますが、味に飽きることなく胃腸が疲れていても食べ続けられる食材をあらかじめ見つけておいてください。夏バテしていても食べられるもの、冬でも凍らずに食べられるもの、飲み物との食べ合わせなどをチェックしておきましょう。

行動食は高カロリーでかさばらないものを

エネルギー切れを起こさないために食事の合間には"つなぎの食料"＝行動食を用意しよう。食べきりタイプや再封できるものがおすすめ

「柿ピー」はボトルに入れて携行すると、ゴミも出ず食べやすい

消化されやすいジェルもおすすめ

❶カフェイン入りのジェルは疲労感や眠気が出てきた時に有効　❷マグネシウム入りのジェルやサプリは、足攣り予防に　❸糖質高めのジェルは1個あたりの摂取カロリーが高く、軽くてコンパクト　❹米粉や餅で作られたバーは味が自然で食べやすい　❺長距離移動には、炭水化物だけでなくタンパク質や脂質も投入しよう　❻ピーナツバターなど脂質からエネルギー摂取でき、同量で糖質系ジェルの倍近いカロリーが得られる　❼消化しやすい中鎖脂肪酸を使ったジェル　❽電解質も忘れず摂取。保水力を高められる

ワンポイント
アドバイス

消化の悪い行動食は避けよう!

標高の高いところで行動し、運動量も多い登山では、消化器に十分な血液が回らなくなりがちだ。そうすると、食べたものが胃の中に長時間残ってしまう。生野菜、おにぎりのノリ、肉などはなるべく少量に抑えたい。

5 極意

登山後は食事で疲労回復を

消化しやすい良質のタンパク質を

登山で一日中動いた後は、疲労を回復するために必要な栄養素をしっかり摂りましょう。かつ丼やステーキなど「がっつり肉料理」も魅力的ですが、内臓も筋肉であり、手足体幹と同様に疲労しています。バテ防止のために少量を少しずつ食べて歩いたなら、疲れもなおさらです。

一日を締めくくるディナーは「消化しやすい良質のタンパク質」をキーワードに探してみましょう。テント泊の時はソーセージやチーズかまぼこなどが手軽でおすすめです。

登山直後はサプリで疲労回復を促進

運動後、早くタンパク質を補給することが疲労回復につながる。吸収が早く手軽なアミノ酸サプリは、下山後すぐに摂取できるので便利

タンパク質補給で筋疲労を緩和

脂質の少ない肉料理であれば消化吸収も比較的スムーズ。オムライスなどの卵料理や寿司、海鮮丼、チキン照り焼き定食などがおすすめ

ワンポイントアドバイス

下山後の温泉も疲労回復に効果あり！

長時間の山歩きで酷使した足腰や、重い荷物を背負ってこり固まった首や肩を温泉でほぐそう。たまった疲労物質は、その日のうちに除去しておくとよい。心身ともにリセットすると、翌日も元気にスタートできる。

極意 6

それでもバテてしまったときは

不都合を楽しむ それも登山の醍醐味！

日頃からトレーニングを重ね、綿密な計画を立て、自分の体力に合ったルートを登ってもバテてしまうことも。これは山のプロでも同じで、体調が優れない時や天候、登山道の状況など、さまざまな要因によってコンディションが悪くなることがあります。

そんな時は無理をせず休憩したり計画を変更するなど、その場に合った正しい判断ができるかどうかが重要です。登山は自然相手のスポーツ。焦ったり欲張ったりせず、次のチャンスを待ちましょう。

ワンポイントアドバイス

バテる前の兆候を見逃さない！

◉食べたり飲んだりできなくなる
◉心拍が早くなり、呼吸が荒くなる
◉急に汗が噴き出す
◉頭痛が起こる
◉めまいや吐き気が起こる
◉強烈な眠気に襲われる
◉荷物やシューズが重く感じ、脚が上がらない
◉うまく力が入らずフラつく
◉計画していた山行タイムから急に遅れだす
◉足攣りや痙攣などが起こる

涼しい木陰などで体を休める

暑い夏は、日陰で休憩を。水分や栄養をしっかり摂り、力が戻るのを待つ。寒い時は一枚羽織ってから休憩し、体を冷やさないように

登山計画の変更を検討する

できるなら計画どおりに下りたい。しかし、無事に下山するまでの体力を計算し、その時の体調に合った現実的なルートで安全に下ろう

column 3

プロ山岳アスリートの

ペース配分と補給方法

トレイルランニングは、100マイル(160km)レースやそれ以上の距離種目になると、競技時間が3日を超えることもあります。競技の特性上、補給を無視してのレース展開はありません。登山よりも格段に運動量が多いので、携行する食べ物・飲み物の量は多くなります。

夏の時期には水分や電解質を5分、10分に1回など半ば“機械的”に補給し続けることがありますし、気温の低いときは、体温を維持するために止まってしっかり食事を摂ることがレース終盤の展開を左右する場合もあります。どんな補給物や食事をどのタイミングで摂るか、飲み物との相性など、トレーニングの中で“人体実験”をしておき、レースにおける補給を繰り返しシミュレーションするのです。

季節や気象条件によって体が欲する補給物は様変わりするので、自身との対話、自分の体の探究が不可欠です。

気温、湿度、気象条件やレースペースを考慮し、緻密な補給計画を立てる。山岳耐久レースにおいて補給は立派な戦略である

HOW TO
WALK COMFORTABLY
IN THE MOUNTAINS

LESSON
3

正しい装備の選び方&使い方

HOW TO WALK COMFORTABLY IN THE MOUNTAINS

装備の選び方&使い方

装備は「何を求めるか」を明確にし、自分に合うものを手に入れるべし！使いやすさは、時には命に関わることもあるので妥協はしたくない。計画した山行のレベルに合ったアイテムを入手しよう。

装備1 シューズ&ソックス

← P.88,90

シューズは、安定性か機動性か。ソックスなら、通気性か保温性か。行く山によって、季節によって、人によってそれぞれ求める機能が変わってきます。

装備2 バックパック

← P.92

背面長はもちろん、背面パッドやストラップ位置、取り出しやすさなどをチェック。購入時にどこまで山行をイメージできるかがポイント！

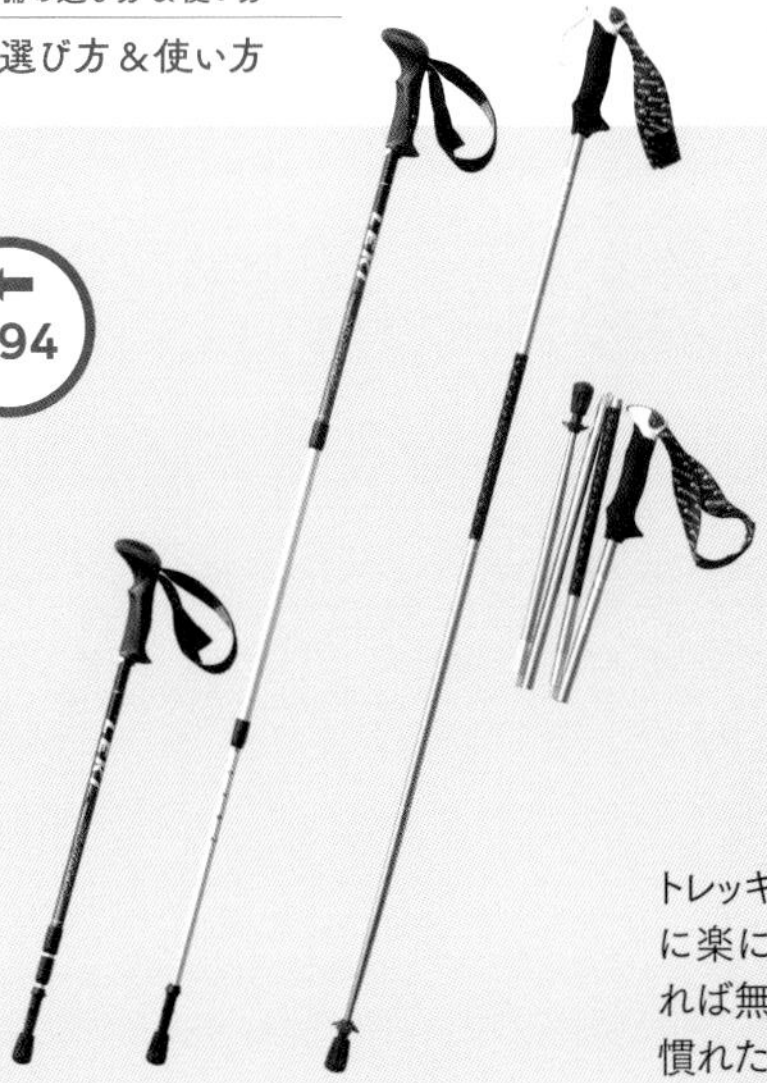

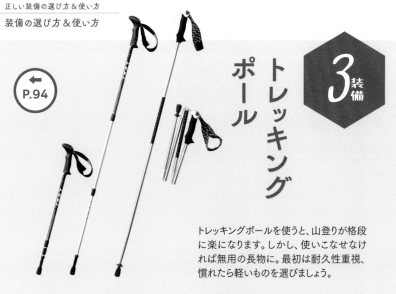

← P.94

3装備 トレッキングポール

トレッキングポールを使うと、山登りが格段に楽になります。しかし、使いこなせなければ無用の長物に。最初は耐久性重視、慣れたら軽いものを選びましょう。

← P.96,98

4装備 膝痛対策アイテム

・タイツ
・サポーター
・テーピング

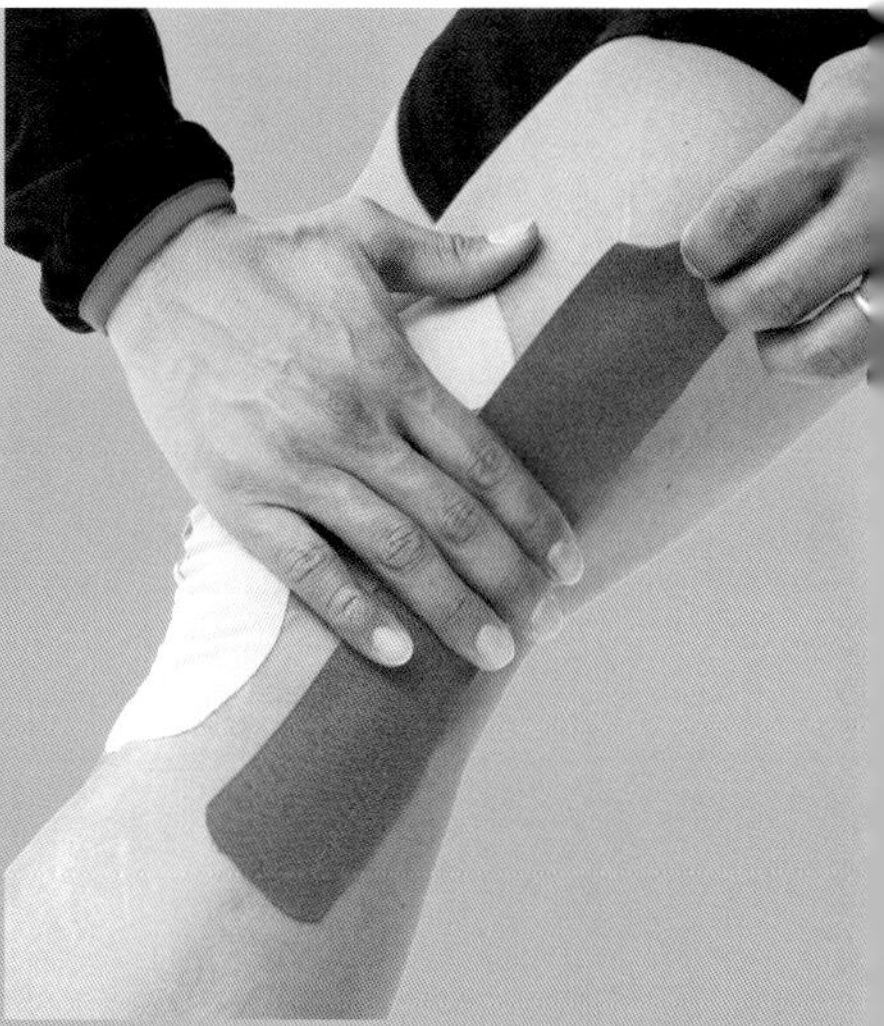

サポートアイテムの特徴を知り症状によって使い分けると、膝痛はかなり緩和できます。また、動きを制限し負荷を少なくできると疲労を軽減し、ケガ予防にもなります。

膝痛対策アイテムのメリットとデメリット

	メリット	デメリット
タイツ	脚全体をサポート	サイズが合わないと着圧の強弱が合わず効果減
サポーター	局所的な締め付けで曲げ伸ばしをサポート	蒸れ、擦れ、可動域が制限される
テーピング	サポートする場所や強弱を調節可能	巻き方のコツを覚える必要がある伸び、ズレ、剥がれ

1 装備

トレッキングシューズ

特性を知って選ぶのが大切

トレッキングシューズは今、驚きの進化を遂げています。革のシューズを自分の足に合うまで履き慣らしていたのは過去のこと。昨今のシューズは、圧倒的に軽く、防水性があり、保温性と通気性を兼ね備えています。さらに、操作性、グリップ力なども以前のシューズより格段に勝っています。

機能性が高いと価格も高くなるので、どこまで投資するかが大事なところ。また、高所でも整備されていてスニーカーで十分な登山道もあれば、低山でも難度の高い山道もたくさんあります。その山の特徴、季節などに合わせた情報収集をしてから、シューズを選ぶことが大切です。

主なトレッキングシューズの種類

ローカットシューズ

歩きやすい山道なら、軽さと直進性に特化したシューズを選択しよう。このモデルは重心移動で前進できる構造になっている

ミドルカットシューズ

足首が内外へ倒れて転ぶことを防ぎ、捻挫を予防し直進性も高い。重い荷物を背負ってもバランスをとりやすい

動画で確認!

トレッキングシューズの履き方

1 かかとをヒールカップに合わせる

シューズに足を入れ、かかとを地面に軽く2、3回打ちつける。この時、かかとをヒールカップにしっかり入れること

2 靴紐を爪先から締め上げる

足裏全体に圧をかけ、足首の角度は直角よりも若干深めでキープ。靴紐を爪先側から数回に分け少しずつ締める

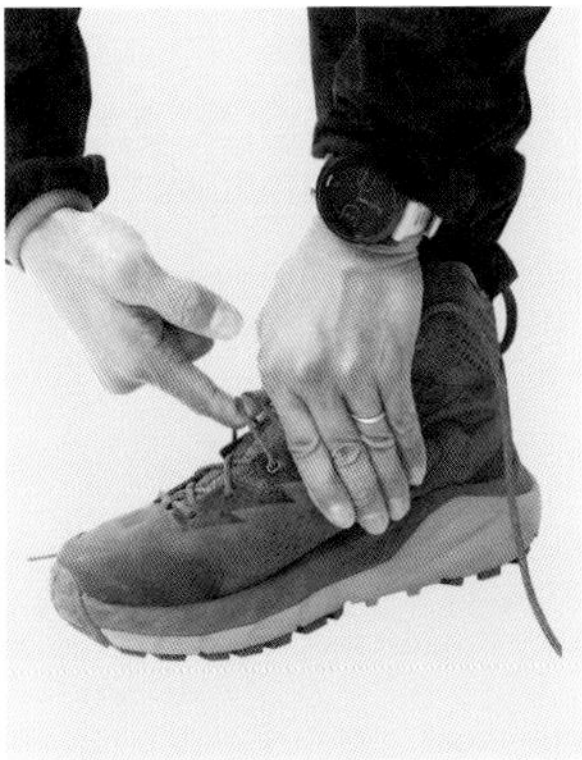

3 アッパーを足にフィットさせ、紐を締める

シューズの両サイドからシューズのアッパーを足の甲の形に合わせるように寄せ上げてフィットさせ、紐を締める

4 足首を曲げて関節部の紐を調節

足首を曲げ前足部の圧感を調整しフックに固定。ロック機能がなくても、左右の靴紐を交差させ3回巻いて引くと固定できる

5 足首をフィットさせて紐を締める

足首まで締め上げ、再びロックをかける。蝶結びがシュータンより上になり緩みやすい時は、最も上のロックをかけて固定する

6 靴紐をしっかり結ぶ

蝶結びで2回紐をくぐらせて引くと解けにくくなる。蝶結びの2つの輪の部分同士を一回縛っておくと、さらに解けにくい

1 装備

ソックス

条件に合わせた素材や厚さを選ぶ

ソックスは、トレッキングシューズ内のトラブルを防ぐために重要なアイテム。季節や気温に合わせた素材を選んだり、シューズの剛性によって厚さを調整したりと、条件によって使い分けが必要です。

　蒸れや擦れ、当たり、マメができるのを防ぎ、快適な登

主なソックスの種類

中厚手タイプ

オールシーズン対応。通気性が高いのに保温性も高いものもある。生地もそれなりに厚く擦れも防げるのでシューズとの相性も幅広く、「初めの一足」におすすめ

厚手タイプ

剛性が高いシューズと相性がよく、メリノウールなど保温性も通気性も高い素材がよい。生地が厚ければ温かいわけではないので注意

山にするためにも、きちんと“投資”すべきギアのひとつです。シューズの中が蒸れると、皮膚が柔らかくなってマメができやすくなります。また、寒い時に保温性の低いシューズを使っていると、しもやけや凍傷を発症します。

剛性が高いシューズは屈曲部に当たりが出やすく、薄手のソックスだと簡単に靴擦れができます。逆に、運動靴のようなハイキングシューズに厚手のものだと、サイズ感が変わったり操作性が落ちます。生地の厚さや素材を用途に合わせて選定し、足元のトラブルをなくしましょう。

薄手タイプ

通気性や操作性が抜群。柔らかく可動域の広いシューズと相性がよい。暑い時期やハイキングに向いている

ソックスの厚さ・丈と適した登山スタイル

ソックスの厚さ	登山スタイル
薄手	●トレイルラン ●ハイキング ●夏山登山
中厚手	●トレイルラン ●ハイキング ●夏山登山
厚手	●夏山登山(岩稜歩き、長距離縦走) ●雪山登山

ソックスの丈	登山スタイル
アンクル	砂や小石が入り込み、擦れの原因になるため山での使用には不向き
ショートやクルー	●トレイルラン ●ハイキング ●夏山登山
ハイソックス	●夏山登山 ●雪山登山

2 装備

バックパック

条件に合わせたバックパックで負担を軽減

バックパックは、登山計画に基づき準備した荷物を携行するための非常に重要なアイテムです。同じ山に登るのでも、季節や天候が違うと、必要な携行品も変わってきます。「大は小を兼ねる」といいますが、バックパックの場合は違っていて、荷室が大き過ぎると荷物が揺れて安定しません。また小さいバックパックにぎゅうぎゅう詰めすると、使いたい時に装備などの出し入れができません。購入時には、ショップスタッフに相談しながら背面長や背中のパッドの位置、ストラップの位置が自分に合っているか確認し、荷室の取り出しやすさなども考慮しながら選びましょう。

主なバックパックの種類

ファストパッキングタイプ

荷物が少ない日帰り登山やファストパッキングでは、フレームやパッドが少なく、軽量なタイプを選ぼう。前面にボトルを収納できるモデルも

縦走タイプ

荷物の総重量が10kgを超える登山には、フレームで支え背面にしっかりパッドが入ったモデルを用意しよう

動画で確認！

バックパックの背負い方

1 バックパックを膝に乗せる

ショルダーベルトを持ってバックパックを持ち上げ、膝の上まで引き寄せる

2 バックパックを背負う

つかんでいるショルダーベルトに片手を通して担ぎ上げ、バランスを崩さないようにもう片方に手を通して背負う

3 ショルダーストラップを締める

ショルダーストラップを引っ張り、背中のパッドをしっかりフィットさせる。その際にウエストベルトの位置が腰に合うようにする

4 ウエストベルトを締める

骨盤上部の尖ったところにウエストベルトのパッドの中心が当たるように背面を合わせ、ウエストベルトを締め込む

5 ロードリフトストラップを締める

ロードリフトストラップを左右均等に締め、荷物をできるだけ背中に近づけることで荷室を安定させる

6 チェストベルトを締める

直立姿勢になり、みぞおちを前に出した姿勢をとる。胸を開いた状態でチェストベルトの長さを調整し、ベルトを締める

3 装備

トレッキングポール

活かして使おう万能の杖

トレッキングポールは、登山のあらゆる場面で使うことができる「万能の杖」。しかし、効果的に使えておらず持て余している人がとても多いのが現状です。持つことでかえって疲れてしまう、まさに「無用の長物」にならないよう、基本の使い方をマスターしましょう。

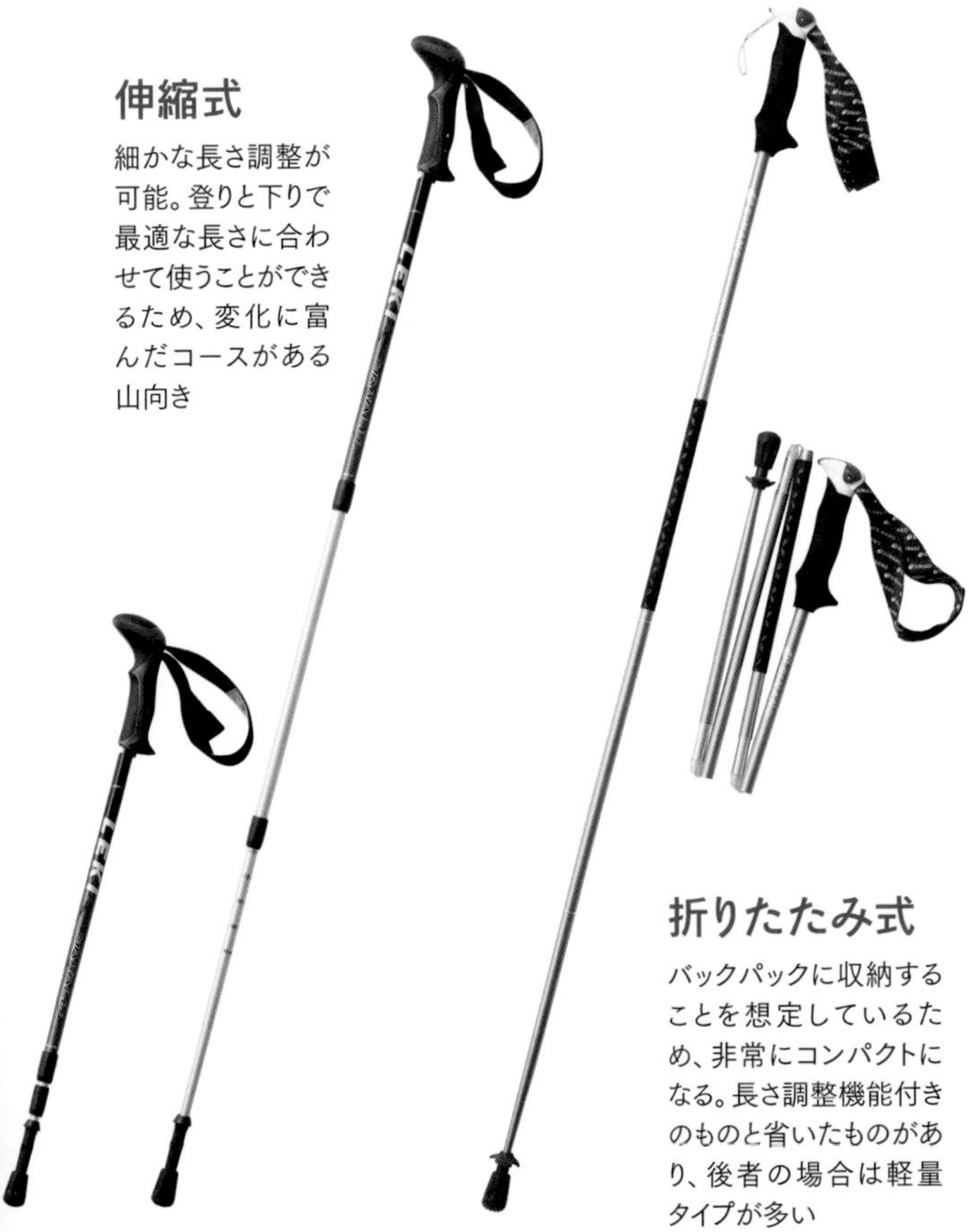

伸縮式

細かな長さ調整が可能。登りと下りで最適な長さに合わせて使うことができるため、変化に富んだコースがある山向き

折りたたみ式

バックパックに収納することを想定しているため、非常にコンパクトになる。長さ調整機能付きのものと省いたものがあり、後者の場合は軽量タイプが多い

実際の使い方は
←
P.50–61

トレッキングポールには主に、耐久性が高いアルミ製と軽量のカーボン製があります。「初めてのポール」は、慣れない操作でポールの先を石や木に引っかけたり靴で蹴ったりすることが多いので、曲がってもとりあえず使えるアルミ製を選びましょう。

　また、手足を使って通過するような岩場やガレ場、鎖場ではポールをバックパックに収納して通過します。

主なトレッキングポールの種類

	伸縮式	折りたたみ式
収納サイズ	大きめ	かなりコンパクトになるものある
重さ	重め	軽いものある
価格	手頃なものが多い	軽量のものは高い
長さ調節	できる	できるものもある

トレッキングポールの素材と特性

素材	強度	重さ	耐久性	価格
アルミ	強い	安価なものは重い	曲がるが折れにくい	手頃
カーボン	やや強い	非常に軽い	傷に弱く折れやすい	高め

4 装備

膝痛対策アイテム

サポートタイツ

脚全体を包み段階的な着圧でサポート

膝関節は、大腿の筋肉やふくらはぎ、脛の筋肉の起点です。脚の曲げ伸ばしによる膝周りの筋疲労や炎症により動きが悪くなると、腱が引っ張られたり、骨との摩擦で傷ついたりして痛みが出ます。

これらの症状に対し、サポートタイツは脚全体を包んで曲げ伸ばしの補助をしたり、接地による筋肉の揺れを抑制

主なサポートタイツの種類

ロングタイプ

脚全体がむくみやすいなら、段階的な着圧があるロングタイプがおすすめ。保温力の高いものは寒い時にも重宝する

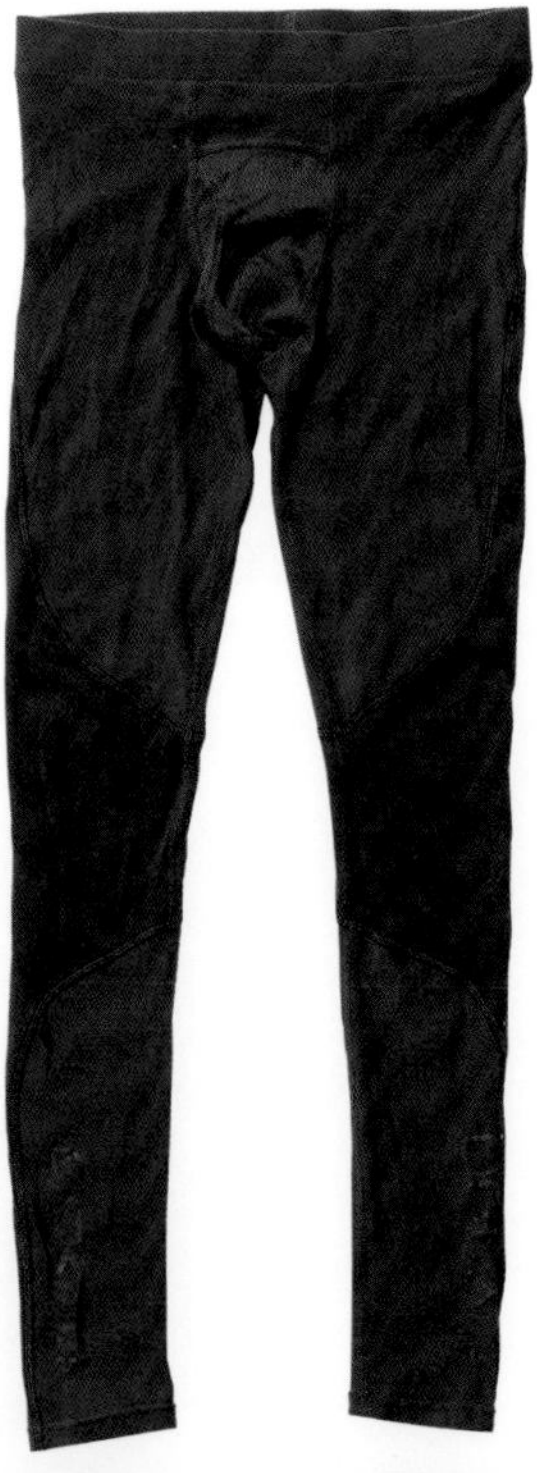

ショートタイプ

ハーフタイツと七分丈タイツがある。山行途中でテーピングの貼り直しなどが必要なら七分丈＋カフカバーがおすすめ

したりします。また、段階的な着圧で血行を促進し疲労物質を押し出すポンプのような役割も果たします。

ただし、骨同士がぶつかったり靭帯の損傷などの痛みに対しては、タイツではなくサポート器具が必要になります。

正しいサポートタイツのはき方

ロングタイプ

1 膝を直角にし生地を引っ張る

膝を深く曲げるとタイツの着圧で圧迫するため、生地を引っ張り調節する

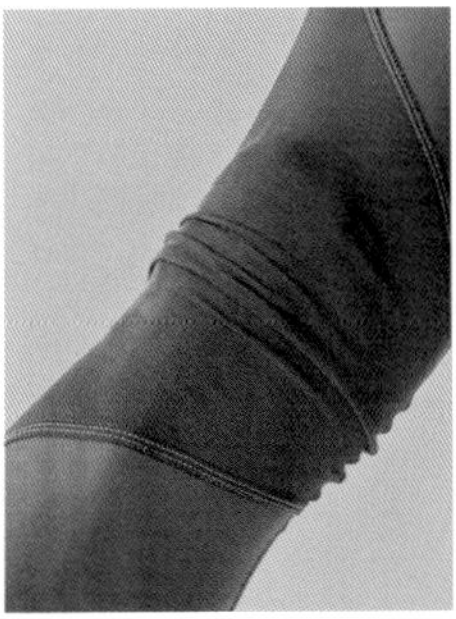

2 足を伸ばしたとき膝頭にシワがよる

生地を引っ張って膝周りにスペースが生まれた証拠が、この横じわ

ショート＆セパレートタイプ

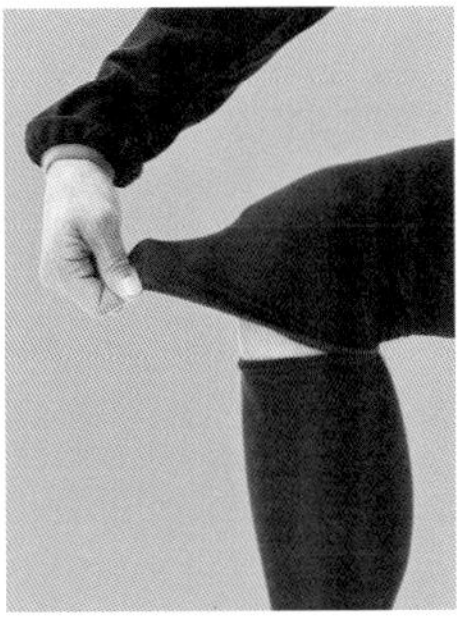

1 上のタイツの膝の生地を引っ張る

膝に当たる生地を引っ張ることで膝頭に圧迫感が出ないように調整する

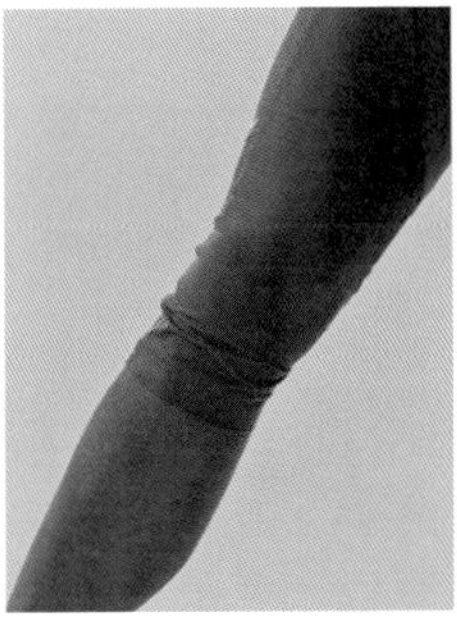

2 足を伸ばしたとき膝頭にシワがよる

膝頭の生地に横じわが出るように着圧を調整するとよい

セパレートタイプ

ふくらはぎに着けるカフカバーは、疲労による痙攣が起こりやすい人のマストアイテム。症状によって着圧の強さを選ぼう

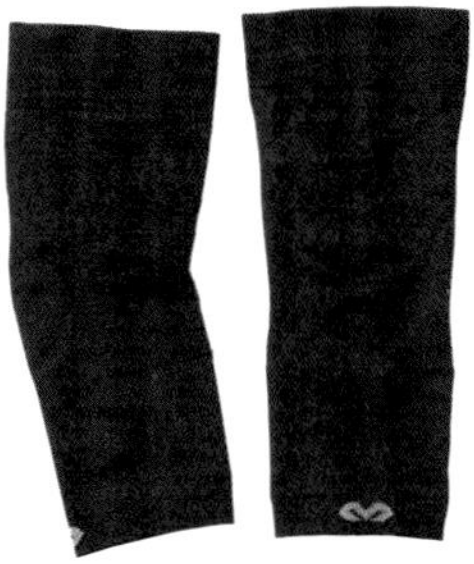

4 装備

膝痛対策アイテム

サポーターとテーピング

タイトで繊細なサポートにはテーピング

テーピングには、固定タイプと伸縮タイプがあります。固定タイプにも伸びないものと若干の伸びがあるものがありますが、動きを固定するよりも制限するほうがいいので、使用する際には、伸びのある低伸縮タイプがおすすめです。

テーピングは通常、ロール状のものをカットして使用しますが、スポーツ店や登山用品店などで販売している加工済みのテーピングがすぐ使えて便利です。

いつでもどこでも使えるサポーター

天候などによってテーピングのズレや剥がれを気にせず使いたいという人は、サポーターの活用をおすすめします。

下りだけサポート機能が欲しいという人にも便利。雨でテーピングが貼り付かない時にも、パンツの上からサッと着けられるので重宝します。気圧が低い時や、いつも出ない痛みが出た場合にもすぐに使えます。膝痛の人は、症状に合わせた機能があるタイプを携行するとよいでしょう。

動画で確認!

P.100
足首のテーピングの巻き方

P.101
膝と大腿のテーピングの巻き方

主なサポーターの種類

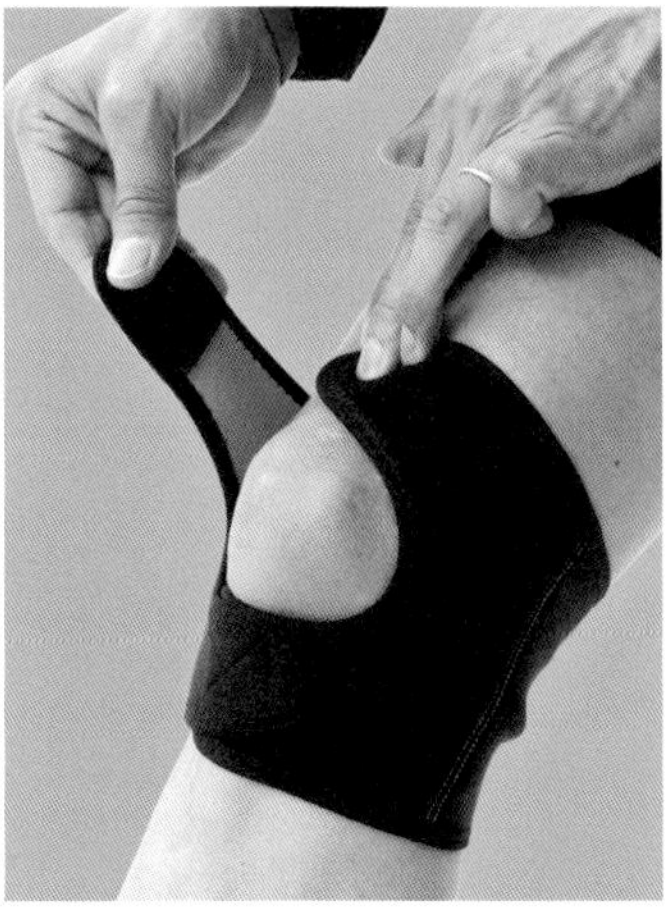

サポーターは、膝蓋骨を包むように装着する。きつく締め過ぎて圧をかけ過ぎないように注意しよう

膝全体を軽くサポート

膝蓋骨のブレを抑制し、膝周辺の筋肉の緊張を緩和する。お皿の位置が安定するので、下りやガレ場も安心

膝関節と皿周辺を快適にサポート

膝全体を圧迫し、曲げ伸ばしを楽にする。テーピングやタイツと併用し、下りなど不安な時だけの使用も可能

膝全体を適度に圧迫サポート

二重構造で膝全体を圧迫し、膝蓋骨のブレも抑制してくれる。膝の周辺を包み込むようなサポートで安心感がある

主なテーピングの種類

伸縮タイプ〈大〉（伸縮率60%）

貼ることで筋肉の緊張を緩和し、筋肉・関節の動きを正しい方向に誘導して疲労を軽減できる。加工済の製品が便利

伸縮タイプ〈小〉（伸縮率60%）

指圧して気持ちいい場所に貼るだけで、筋肉の緊張をほぐすことができる。上下を筋繊維の方向に合わせて貼る

低伸縮タイプ（伸縮率30%）

完全固定してしまうと関節が動かないので、低伸縮タイプを使う。固定力を強めたい時は重ね貼りで調節する

足首のテーピングで
捻挫防止とバランスアップ

【ニューハレ SKテープ（伸縮率30%）5cm幅を28cm×2またはXテープ（加工済）を使用】

動画で確認！QRコードはp.98へ

1

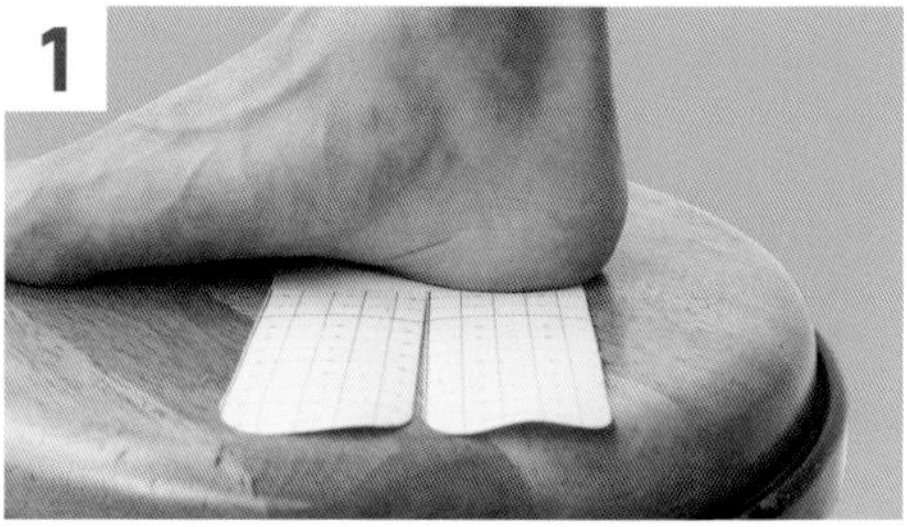

低伸縮テープ（28cm）2枚を横並びで置き、テープ中心部の剥離紙だけ剥がして粘着面を出す。2枚並べたテープのうち、かかと側の粘着面の端と、かかとの後ろを合わせて乗せる

2

地面に垂直に目いっぱい伸ばして指の太さ1本分（2cm弱）ほど戻して貼る。テープの端は剥がれやすいので、粘着面に指の脂分が付着しないよう端から1cmほどのところを持つ

3

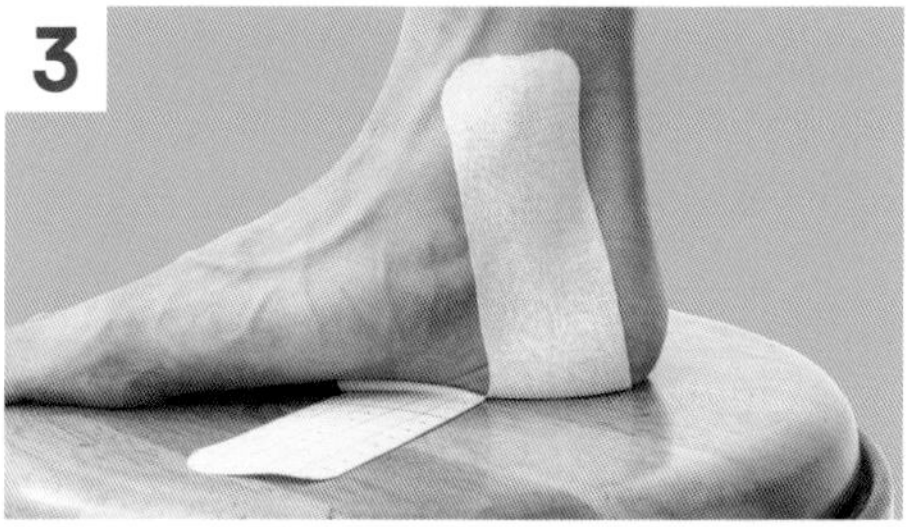

くるぶしに向かってテープを貼れていればOK。何度も貼ったり剥がしたりしていると粘着力に脂分が付着して剥がれやすくなる、できるだけ一回で貼り付けよう

4

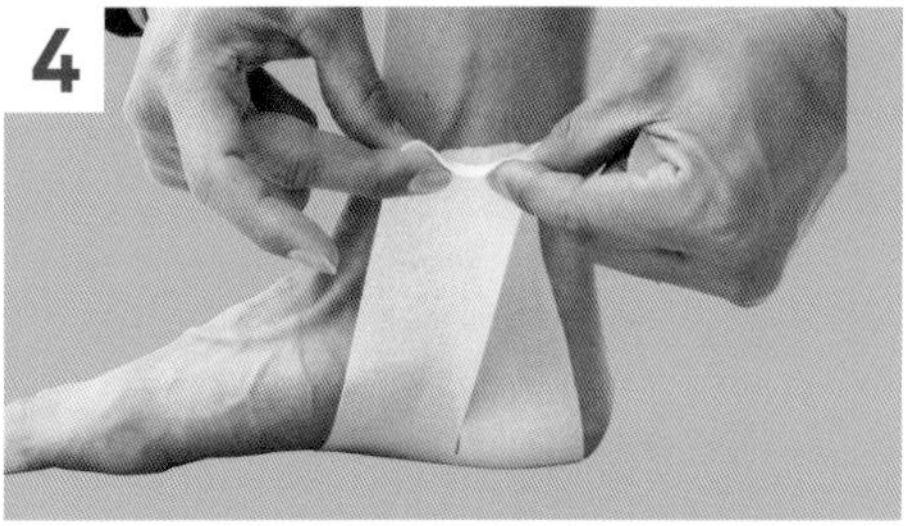

2枚並べたテープのうち、爪先側のテープをくるぶしに向かって少し斜めにする。そのままアーチを持ち上げるように目いっぱい伸ばして、指の太さ1本分（2cm弱）ほど戻して貼る

5

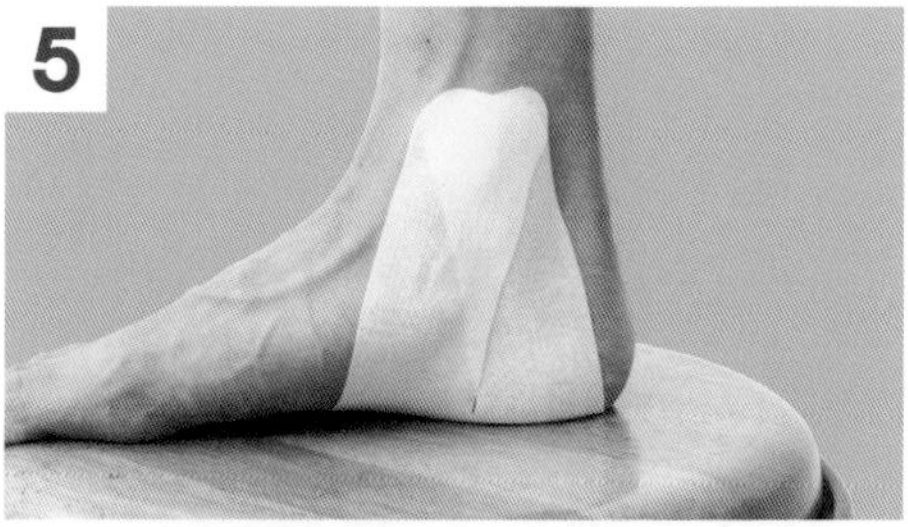

くるぶしが隠れるように2枚のテープを重ねる。足首の前後の運動は妨げず、左右のブレを抑えることで、捻挫の予防やバランスアップ、歩行動作の直進性アップが期待できる

6

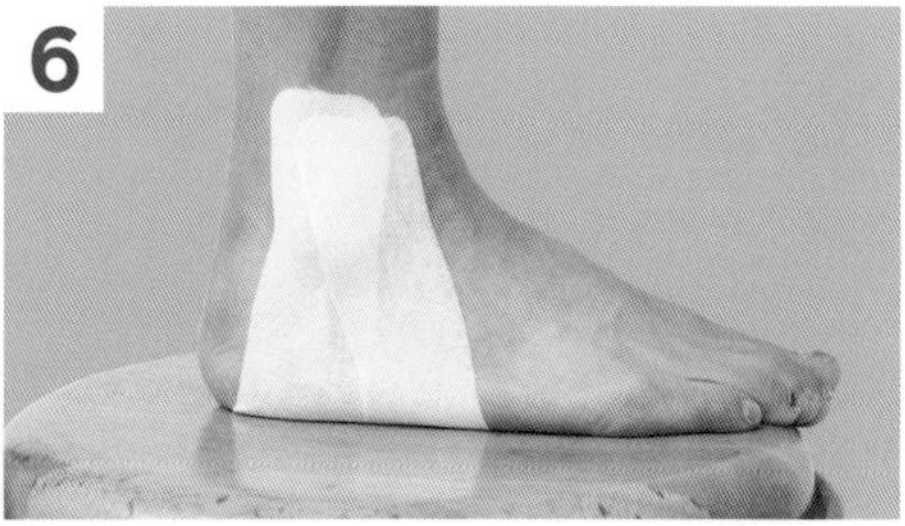

足首外側も同様に、爪先側のテープをくるぶしが隠れる斜め方向に。かかと側は垂直に目いっぱい伸ばして指の太さ1本分（2cm弱）戻して貼る。最後にテープ全体を密着させる

膝周りの筋肉をサポートし、曲げ伸ばしをスムーズに

【ニューハレAKTテープ（伸縮率60％）5㎝幅を30㎝×2またはVテープ（加工済）を使用】

動画で確認！QRコードはp.98へ

1

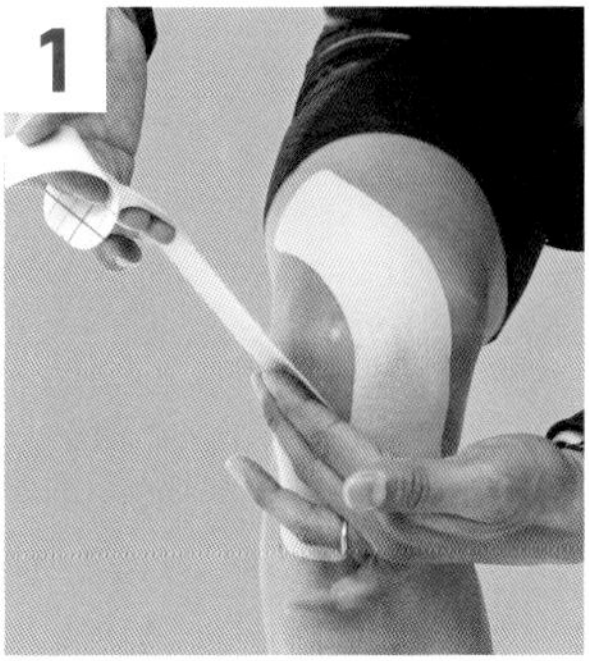

膝を直角に、脛の骨を下からたどり、骨の最終点（膝のお皿の下約3㎝）を探す。剥離紙を剥がしたテープを伸ばさず、乗せるようにしっかり貼る

2

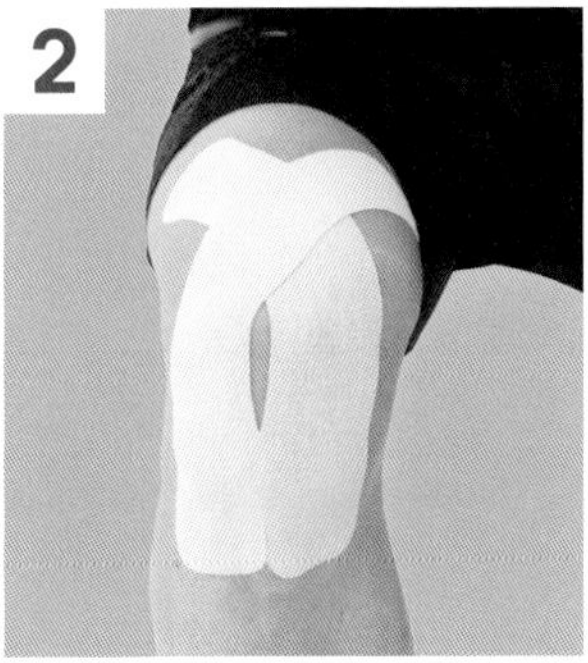

テープの中心を膝のお皿の輪郭に合わせ、お皿を包むように、大腿の上方向へ伸ばさないよう貼っていく。内・外側の貼る順はどちらが先でもOK

3

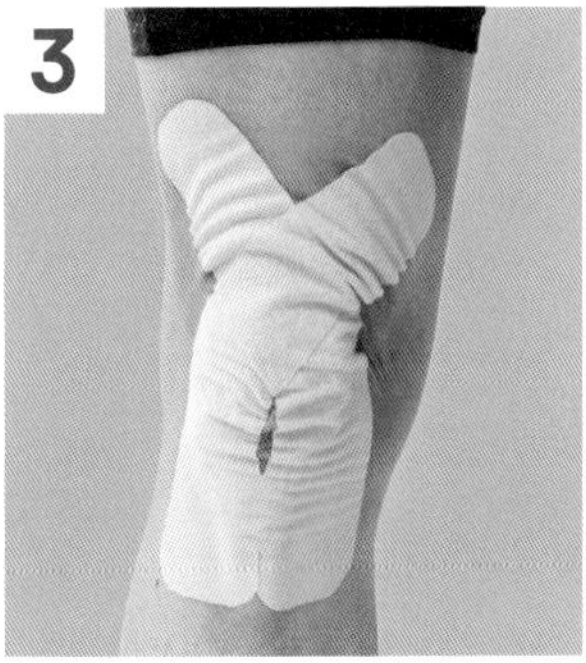

貼り残しがないように手のひらで押して貼る。膝を伸ばした際、テープにしわができるのが○。引っ張って貼るとしわが出ず、膝を圧迫するので注意

腸脛靭帯と、付随する大腿外側の筋肉をリラックスさせる

【ニューハレAKTテープ（伸縮率60％）5㎝幅を30～40㎝またはIテープ（30㎝加工済）を使用】

動画で確認！QRコードはp.98へ

4

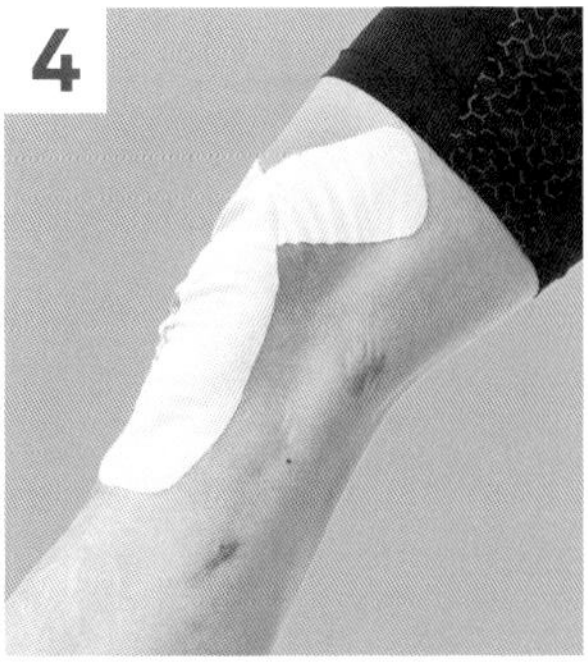

膝を45度にして座り、筋肉をリラックスさせる。大腿外側の揉んで気持ちいいライン（腸脛靭帯と付随する筋肉）を探す

5

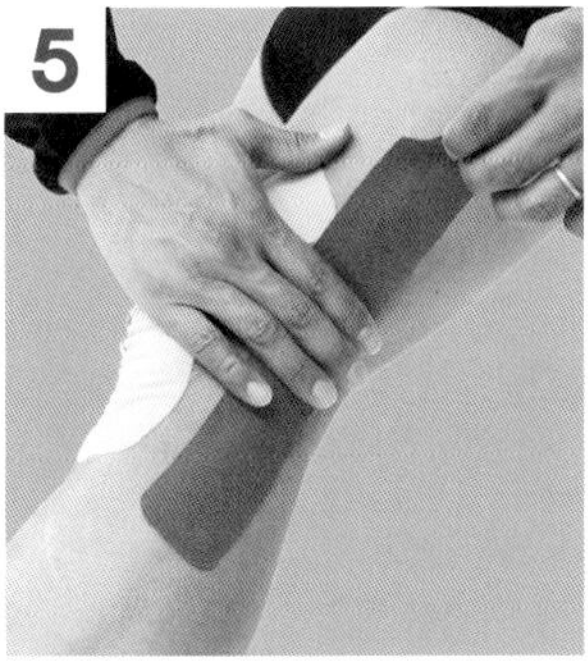

膝のお皿の横から伸ばさずにテープを貼る。テープによって、膝関節の内側にある筋肉や腱がリラックスし、動きが滑らかになる

6

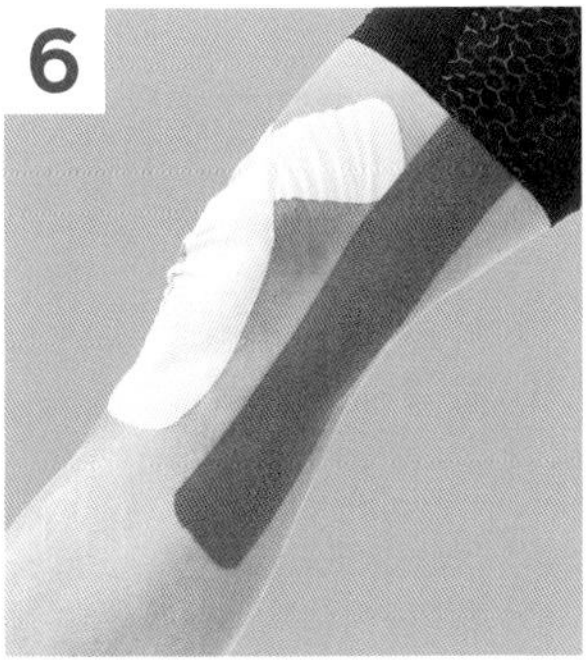

膝関節を曲げたり伸ばしたりする方向をテーピングによって意識・誘導する。そうすることで動きにメリハリが出てくるので、膝関節を動かしやすくなる

column 4

プロ山岳アスリートの

装備の選び方・使い方

山では、天候・気温・路面状況など、コンディションがめまぐるしく変化します。山岳レースでは、山行タイムの20〜30％ほどの速さで駆け抜けるため、肌寒いくらいの稜線でも脱水になるほど発汗することがあります。

山岳アスリートが使用するレースウェアには、耐久性や保温性、速乾性にも優れた高機能素材が使われています。結構“いい値段”のするものが多いですが、選手が求める機能を詰め込んだ製品にはその価値があります。

また、できるだけ荷物を軽くコンパクトにするため、極限まで軽量化された製品も使います。なかには耐久性は二の次で「一度使ったら終了」といった、F1レースの部品のようなものまであります。山行時間が長いほど耐久性や機能性を重視し、速さが求められる時には軽さ重視。条件に合わせてギアを選ぶのも山の楽しみのひとつです。

山梨の山々をつないだ300㎞超の大縦走の時の写真。
ウェアリングは人それぞれ。コンディションに合わせて自分流の使い方を！

HOW TO
WALK COMFORTABLY
IN THE MOUNTAINS

LESSON
4

登山が楽になる 動作改善 トレ＆ストレッチ

動作改善トレ&ストレッチ

山へ行く前に基礎体力、柔軟性をセルフチェック！
気合と勢いだけでは山で楽しく安全に過ごすことはできない。
体力に見合った計画を立て、足りない部分はコツコツ補っていこう。

日常生活での動作改善トレ

P.106

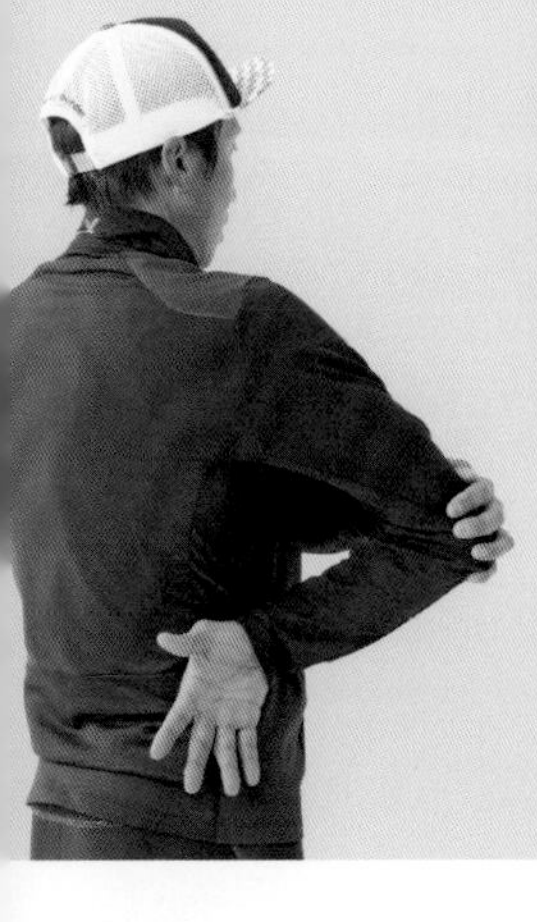

登山前後のストレッチ

P.118

山登りに必要なのは、特定の筋肉の部位の強化よりも「動作を鍛える」こと。バランスを保ち、斜面の変化に対応しながら移動していくために体全体の力を向上させましょう。

準備運動をしっかり行うことで筋肉の柔軟性を高め、登山前後の疲労や痛みを軽減できます。関節の可動域を広げ、動作がスムーズにできるように調整しましょう。

日常生活での動作改善トレ①

股関節の屈曲・伸展動作を鍛える1

直立姿勢から真下に重心を移動する

身長を高くするように、できるだけ真っすぐ立つ。膝の間にこぶし1つ分くらいの隙間を作り、支持脚をゆっくり曲げていく

股関節を曲げたり伸ばしたりする

支持脚の股関節を後方に引き込むように曲げていくと、お尻や腿裏に負荷をかけやすい。無理せず直立の姿勢に戻れることを確認しながら反復する

関節の正しい曲げ伸ばしを覚える

登山中に、大腿四頭筋など脚部前面の筋群や腓腹筋など特定の筋肉ばかり疲れてしまうことがありませんか？　大臀筋やハムストリングスなど体の中でも大きな背面側の筋肉を優先的に使う意識をもつと、疲労を分散させることが

動画で確認！

正面から見た姿勢

NG

膝が外側に開いてしまう

足裏全体、特に親指の付け根にしっかり体重を乗せないと膝が外に開く

膝が内側に倒れてしまう

両肩のラインを水平に保ち、膝・爪先の方向を一致させる動作を覚えよう

1日の目安
片足10回ずつ
×
3セット

膝、爪先の方向が正面を向くように

真下に向かって重心を下げていくときに、体の向く方向と膝、爪先の方向が一致するように調整する。正しい曲げ伸ばし動作を覚えよう

できます。特に膝周りに痛みが出やすい人は、股関節や膝関節の正しい曲げ伸ばし方法を覚えると痛みが和らぎます。

直立の姿勢から股関節・膝関節をゆっくり曲げ、真下に重心を落としていきます。前傾姿勢になり過ぎると背面側の筋群が使いにくいので注意してください。股関節・膝関節の曲げる角度は、最初は浅く、10回3セットを楽にできるくらいの負荷から始めます。慣れてきたらその倍の20回を目標に徐々に回数やセット数を増やしていくとよいでしょう。股関節・膝関節の曲げる角度は直角までとし、負荷のかけ過ぎに気をつけましょう。

日常生活での動作改善トレ②

股関節の屈曲・伸展動作を鍛える2

正面から見た姿勢

内股矯正
膝を外側に開く

内側に引かれる負荷に耐えながら曲げ伸ばし動作を行ってみよう。そうすることで、膝・爪先が前方に向いたまま上下動する感覚をつかむ

ガニ股矯正
膝を内側に絞る

タオルで引っ張ってもらったりゴムチューブで負荷をかけて、外に引かれる力に抵抗して股関節の曲げ伸ばしをする。膝を内側に絞る感覚を覚えよう

バランス調整力を向上させよう

足を一歩踏み出した際に膝が外側に開く、または内側に倒れる人は、重い荷物を背負ったり長時間の山行になるとさまざまなトラブルに陥りがちです。そこで、膝が不安定にならないように正しい股関節の使い方を覚えましょう。特

動画で確認!

横から見た姿勢

1日の目安
片足**10**回ずつ
×
3セット

NG

膝が爪先を越え足裏が離れている

膝の最大屈曲角度は直角を目安に。足裏全体で重力方向に真っすぐ加圧したまま曲げ伸ばし動作を行うと、体軸に沿った立位がしやすい

膝が爪先を越えない

股関節や膝関節を深く曲げた時に膝頭が爪先を越えないようにする。繰り返し行うことで各関節の最大屈曲位を覚えよう

に膝痛を抱えている人にとっては、疲労や痛みを軽減できる動作を覚えると、膝の曲げ伸ばしが楽になります。

ポイントは膝を曲げる時に膝頭が爪先を越えないようにすること。股関節の曲げ伸ばしの際、膝が内・外に倒れる人は、ゴムチューブやタオルで引っ張り、膝・爪先を前方に向ける練習をしましょう。まずは、10回3セットを目標に。

調整力が向上し、さまざまな斜面変化に対応できるようになるでしょう。筋肉をつけるためというより自身の体を思いどおりに動かせるようなるために、いろいろな動きづくりに挑戦してください。

日常生活での動作改善トレ③

股関節周辺の動きを鍛える

動画で確認!

基本となる直立姿勢をとる

頭・肩・腰・くるぶしを直線でつないだ体軸を長く真っすぐに。足裏全体へ均等に圧がかかるように立つ

遊脚の爪先を後ろに軽くついて戻る

膝の曲げ伸ばし動作は目視しやすいので、膝を曲げ過ぎていないかや、膝・爪先の向く方向などをチェックしながら行うとよい

正しい関節の曲げ伸ばし動作を覚えましょう

登山をケガなく安全に楽しむためには、体を支える支持脚（特に股関節）の曲げ伸ばし動作が正確にできる必要があります。体重だけでなく荷物の重さも受け止め、着地の衝撃も処理しながら、多様な地形に対応した歩行をし続け

1日の目安
片足ずつ1サイクル
×
3〜5回

内側に向け足先を伸ばし軽くついて戻る

両肩を結んだラインを地面と平行にし、遊脚を内側へ伸ばす。支持脚のスクワットがほかの3つの曲げ伸ばし動作と大きく変わらないようにする

足先を外側に軽くついて戻る

重心を下げ遊脚を外に開く。遊脚に引っ張られると支持脚の足裏の小指付け根側の圧感が弱まり、大腿内面の負荷が高くなるので注意！

遊脚のかかとを前に軽くついて戻る

股関節を後方に引き込んで屈曲すると動作のバランスがとりやすい。前傾し過ぎて、支持脚の膝頭が爪先を越えないように！

なくてはならないからです。

各関節を力まずスムーズに曲げ伸ばし、どんな状況でも思いどおりに脚を動かすために、練習を繰り返し、正確な曲げ伸ばし動作を体に覚えさせていきましょう。地面を離れて浮いている遊脚が前後左右どこに位置していても同じ動きができるのが理想です。支持脚の股関節・膝関節をゆっくり曲げ、重心を下げながら前後左右に足をちょんとついて立位に戻る、この動作を繰り返します。支持脚を曲げた後、直立姿勢に戻り、股関節・膝関節を真っすぐにすることがポイント。単純動作ですが正確に動いてみましょう。

日常生活での動作改善トレ④

姿勢を鍛える

正面から見た姿勢

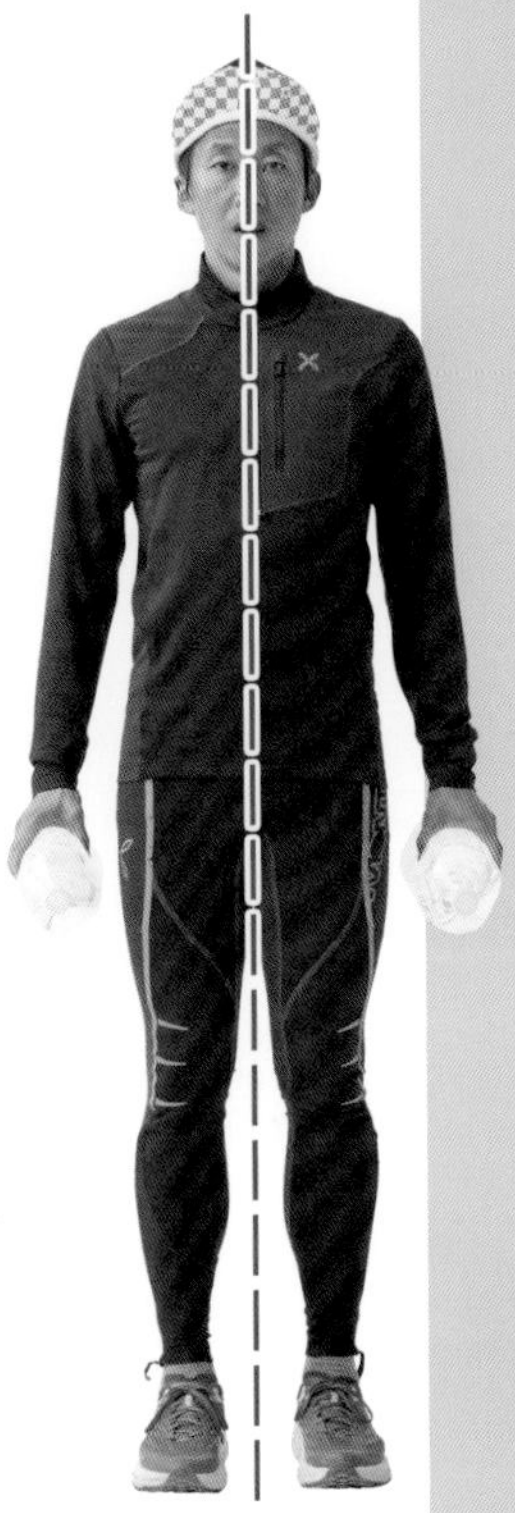

重りを体軸に沿って上下動させる

手に持っている重りが前後左右に動かないように体の動きを調整する。体軸に沿って重りを上下動させるようにスクワットを行う

基本の直立姿勢を作る

直立姿勢は重りあり・なしの時も同じ。重りに引っ張られ、肩の位置が下がったり反り腰・猫背にならないように注意する

重りは体軸に沿って上下動させる

普段、ウォーキングなどの有酸素運動を定期的に行っている人でも、荷物を背負って山を登り下りするのに悪戦苦闘することがあります。登山は、行動食や飲み物、天候など、その時の状況に合わせた携行品を持って行動しなけれ

動画で確認!

重りに負けた姿勢

重りを持つと肩が下がり反り腰や猫背になりやすくなるので注意。足裏全体を地面に着けて安定感を出したい

重りは重心同様に真下へ移動させる

股関節・膝関節をゆっくり曲げながら、体軸に沿って重心も重りも真下に下ろしていく。直立姿勢に戻る時に重りがブレないよう真っすぐ上げよう

重りは体の真横に持つ

最初は重りを体の横に持って行うと、重りが体軸に沿って上下する感覚をつかみやすい。慣れてきたら、バックパックに重りを詰めて行ってもよい

ばなりません。

そこで、重りによる負荷をかけた時に、体がどのような反応をするのか。直立姿勢から股関節・膝関節を曲げ伸ばしする動作を、重りを持ってできるかセルフチェックしてみましょう。

いきなり重過ぎる物を持ってのトレーニングは禁物です。まずは重りを持たずに股関節・膝関節の曲げ伸ばしを行い、問題がなければ500㎖～2ℓの水を入れたペットボトルを手に持ってスクワットを10回ほどしてください。膝を曲げる角度は直角までで、反り腰や猫背にならないよう、姿勢に注意しましょう。

日常生活での動作改善トレ⑤

体幹を鍛える1

かかとを股関節方向に引き上げる

力まず直立姿勢を保ちながら片側の股関節を曲げていく。それと同時に引き上げられるかかとを支持脚に沿って、お尻の方に引き付けていく

かかとを前方へ振り出す

膝下を脱力し、お尻のほうに引き付けたかかとを前方に振り出す。力んでしまうと動きが硬くなってしまうので、脱力して行うように心がけよう

脚の曲げ伸ばし動作を覚えよう

山を登ったり下ったりするためには「脚力」があればよいと思いがち。しかし、体を思いどおりにコントロールするためには、総合的な筋力や感覚が必要になってくるのです。特に「脚の曲げ伸ばし動作」のために大事なのが体幹。

動画で確認!

体がブレて左右に揺れる

動く脚に引っ張られ、体が左右に揺れている。脱力して常に体軸の位置を調整しよう

直立姿勢がとれない

脚を動かすのにいっぱいで、直立姿勢がキープできない。股関節・膝関節が伸ばせない状態

1日の目安
片足20回ずつ
×
1セット

膝関節を伸展しかかとを引き込む

前方に振り出されている脚の膝関節を伸ばし、かかとを体の真下に引き込んでくる。足裏が地面に触れることなく脚部の回転を続けてみよう

ここを鍛える際に意識したい3つのポイントがあります。

1つ目は姿勢。脚の昇降運動に引っ張られて前後左右に体がブレないように姿勢をしっかり維持しましょう。

2つ目は体を支える脚、支持脚です。脚の昇降動作をする遊脚に動かされて膝が曲がったり体軸を揺さぶられたりしないように、しっかり立ち続けましょう。

そして、3つ目は股関節です。股関節の曲げ伸ばしをしながら遊脚で空中に円を描いてみましょう。体軸をキープしながらスムーズな円運動を描けるように体を操作し、片側20回をめざしてください。

日常生活での筋トレ⑥ 体幹を鍛える2

1 背中を床に着け、膝は軽く曲げる

腰の辺りに隙間ができないよう、お腹に力を入れて骨盤の傾きを調整する。背中全体がベタッと床に着くように

4 片脚ずつ交互に引き付ける

背中と腰全体を床に着け、片脚ずつ膝を引き付けて下ろす。慣れたら左右の脚の曲げ伸ばしを同時に行って入れ替える

動画で確認!

※動画は1〜3のみ

体幹トレーニングで腹圧を高めよう

腹圧とは、腹筋と横隔膜などの収縮によって起こる、腹腔内部にかかる圧力のこと。それが弱いと骨盤が前傾し過ぎて反り腰となり、腰痛の原因になります。また、前傾し過ぎた骨盤に引っ張られると大腿四頭筋は過度に緊張し、大

2 上体をゆっくり上げ下げする

腿上にある手を膝の方向へ滑らせ、へそをのぞくようにゆっくり上体を起こす。下げる時は背骨をひとつずつ、丁寧に床に着けていく

1日の目安
片足20回ずつ
×
1セット

3 脚を回しながら曲げ伸ばし

かかとをお尻の方へ引き込み、自転車をこぐように円を描きながら脚を入れ替える。背中・腰が浮かないよう骨盤の傾きを調整する

1日の目安
片足10回ずつ
×
1セット

5 脚を伸ばして、かかとを遠くへ

片足をお腹に引き寄せ、もう片足を伸ばしきって床につけないようにする。お腹に力を入れて、そのままの姿勢を1秒間キープしよう

NG 腹圧の低下に注意！

脚部の回転や脚を伸ばす動作に集中するうちに腹圧が弱まり、腰が反ってくることが多い。腹圧をキープできる時間を長くしていこう

臀筋は緊張が緩んでしまいます。その結果、膝へのストレスが増して痛みが出ます。腹圧は、体軸をより長く真っすぐにし、直立姿勢を保つために大事な力となるのです。

そこで腹圧を高めるためのトレーニングをしましょう。腹筋を鍛えるのもひとつの方法ですが、それだけでは腹圧を高めることはできません。いわゆる「体幹トレーニング」と呼ばれるお腹周りのエクササイズを通じて「腹圧が高い」状態を知ることから始めましょう。上体起こしや足上げ腹筋などのトレーニングで、お腹が緩んで腰が反らないようにすることがポイントです。

登山前後のストレッチ①

足首のストレッチ

1回の目安
片足**15**秒ずつ
×
2セット

1 ヒラメ筋、腓腹筋

下腿部に位置するヒラメ筋や腓腹筋を伸ばし、足関節の背屈をスムーズにする

動画で確認!

入念な準備でパフォーマンスアップ!

足首は、登山道の傾斜や凹凸に対応して直立姿勢をキープするために大変重要な関節です。足関節を曲げ伸ばしする可動域が狭いとバランスを保持しにくく、捻挫をするなど大きなケガの原因になることもあります。ヒラメ筋、腓腹

1回の目安
片足15秒ずつ
×
2セット

2 足関節の可動力アップ、前脛骨筋

爪先を引っかけるようにし、甲から足首前面を伸ばす。捻挫防止のため可動域を広げておこう

3 足首を内・外に回す

足首の内回し、外回しをしながらストレッチを行い、可動域を広げておく

1回の目安
内外10回転ずつ

筋など下腿部の筋群はしっかりストレッチしましょう。可動域を広げ、柔軟性を高めておくことでパフォーマンスがアップし、足攣りなどの予防にもなります。

シューズは足関節の可動域を制限するので、ストレッチは靴紐を結ぶ前や、休憩時に靴紐を緩めて実施したほうが、効果を実感できます。

足関節の周囲はたくさんの筋肉や腱が通っています。下腿部の大きな筋群だけでなく、足部や足の指につながる筋肉の柔軟性や腱の滑走性を改善できる上記のストレッチをしましょう。可動域が広がると、登山が楽になります。

登山前後のストレッチ②

首のストレッチ

1回の目安
10秒
×
2セット

1 両手で後頭部をつかんで引き込む

頭を前に倒し、両手で後頭部をつかんで引き込んで肩から首につながる僧帽筋を伸ばす

1回の目安
左右10秒ずつ
×
1セット

4 首を斜め後方に倒す

頭を斜め後方にゆっくり倒す。余裕があれば手で引っ張り、さらに可動域を広げる

首はこまめにリフレッシュを！

首は、前かがみの姿勢から上を見たり、重い荷物による圧迫で血行が悪くなったりと、疲労感が強く出やすい場所です。さらに、晴天時の強い日差しによる眼精疲労、寒い日の体のこわばりも首に影響を与えます。

動画で確認！

登山前後のストレッチ

1回の目安
左右10秒ずつ
×
2セット

2 手で頭をつかみ、左右に引っ張る

頭を左右に倒し、首の側面の筋肉を伸ばす。さらに手で引っ張ることで可動域を広げる

1回の目安
左右10秒ずつ
×
1セット

3 首を斜め前方に倒す

斜め前方に頭を倒し、首の付け根を伸ばす。余裕があれば手で頭を引いて可動域を広げよう

1回の目安
30秒
×
1セット

5 首の付け根をほぐす

後ろに倒れないよう注意し、頭を後ろへゆっくり倒す。30秒ほど左右へ揺らし首の付け根を圧迫しよう

首がこってくると、めまいやフラつきによって行動不能になったり、バランスを崩して転倒や滑落のリスクも高くなります。ひどくなると強い吐き気を引き起こし、カロリー摂取や水分補給もままならない状況に陥ることも。

そうならないためにも、こまめなストレッチを行い、首にかかるストレスを定期的に解放しましょう。登山前後はもちろん、登山中も休憩ごとにバックパックを下ろし、首や肩の可動域を広げることが大切です。実際にストレッチをするときは、足場が安定していて転倒や滑落の危険がない場所を選んでください。

登山前後のストレッチ③
肩のストレッチ

1回の目安
10回
×
1セット

1　肩甲骨のストレッチ

向き合う手のひらを返し、ひねりながら腕を下げて肩甲骨を寄せる。ゆっくりと10回を目安に。胸を張ると肩甲骨を動かしやすい

手のひらを内側に向け、肩幅で両手を真っすぐ上げる。腕はできるだけ高く、なるべく脱力すること。特に首に力が入らないようにする

首と肩はセットでほぐして相乗効果を！

首と同じく肩こりも登山者の悩みの種のひとつ。重いバックパックを一日背負い、慣れないポール操作をしていると、肩周りはあっという間にパンパンになってしまいます。

肩の周りの筋群は、どれも細かく小さな筋肉の集合体な

動画で確認！

1回の目安
左右**15**秒ずつ
×
1セット

2 僧帽筋のストレッチ

頭を倒した方向に、つかんだ手首を引き、首ー肩の筋肉（僧帽筋）を伸ばす。症状によっては長めにやってみよう

1回の目安
左右**15**秒ずつ
×
1セット

正面から見た姿勢

横から見た姿勢

3 肩関節のストレッチ

腰に手の甲を付け、反対の手で肘をつかんで正面側にゆっくり寄せる。肩関節の可動域を広げよう

体も一緒にひねるとストレッチ効果が弱まるので注意。上体を固定して肘をつかみ、ゆっくり引っ張り負荷を調整する

ので、こまめにリセットをかけるのが疲労をため過ぎないための大事なポイントです。休憩ごとにバックパックを下ろし、ストレッチや体操を行うとよいでしょう。首と肩は隣同士。セットでほぐすと効率がよく、それぞれの部位の回復も早くなります。

肩がこると脱力しにくくなり、さらに肩こりを悪化させる姿勢になってしまいます。腕の上下運動やストレッチ、回旋運動などで肩周りのこわばりをしっかりほぐしましょう。肩甲骨周辺の筋群はさまざまな方向に伸びているので、ほぐしのバリエーションを知っておくとよいでしょう。

登山前後のストレッチ④

大腿のストレッチ

1回の目安
片足15秒ずつ
×
2セット

1 大腿前面のストレッチ

座った状態から片足ずつ交互に膝を前に出し、負荷を調節しながら少しずつ大腿前面を伸ばす

1回の目安
片足15秒ずつ
×
1セット

2 大腿後面のストレッチ

片足を前に出し、かかとをついて体を前方に傾ける。余裕があれば片手で膝頭、もう片方で爪先を引き上げる

脚全体をケアしてトラブル回避

大腿は、体の中でかなり大きな筋群であり、なかでも前面に付いている大腿四頭筋と、後面に付いているハムストリングスが主な筋肉です。どちらも膝や股関節の動きに関係しており、疲労がたまって動きが悪くなってくると柔軟性

動画で確認!